Max Vetter

Hinterfragen – verwerfen – akzeptieren

Max Vetter

Hinterfragen – verwerfen – akzeptieren

Zuerst denken, dann glauben (Gedanken im Alter)

Schweizer Literaturgesellschaft

Die Deutsche Nationalbibliothek verzeichnet diese Publikation in der Deutschen Nationalbibliografie; detaillierte bibliografische Daten sind im Internet über dnb.dnb.de abrufbar. Die Schweizerische Nationalbibliothek (NB) verzeichnet aufgenommene Bücher unter Helveticat.ch und die Österreichische Nationalbibliothek (ÖNB) unter onb.ac.at.

Unsere Bücher werden in namhaften Bibliotheken aufgenommen, darunter an den Universitätsbibliotheken Harvard, Oxford und Princeton.

Max Vetter:
Hinterfragen – verwerfen – akzeptieren. Zuerst denken, dann glauben (Gedanken im Alter)
ISBN: 978-3-03883-153-2

Lektorat: Manfred Enderle
www.manfred-enderle.de
E-Mail: manfred.enderle@gmx.de

Buchsatz: Danny Lee Lewis, Berlin: dannyleelewis@gmail.com

Schweizer Literaturgesellschaft ist ein Imprint der
Europäische Verlagsgesellschaften GmbH
Erscheinungsort: Zug

Sie finden uns im Internet unter: www.Literaturgesellschaft.ch

Inhalt

Max Vetter

wurde im Jahre 1938 in Zürich geboren und studierte an der Eidg. Technischen Hochschule (ETH) in Zürich Chemie. Nach erfolgter Diplomierung war er für die IBM als Informatiker während 30 Jahren in 20 Ländern auf 4 Kontinenten und danach 8 Jahre freiberuflich tätig. Berufsbegleitend promovierte und habilitierte er an der ETH Zürich mit Arbeiten auf dem Gebiete der Informatik. In der Folge wirkte er – immer noch berufsbegleitend – als Privatdozent für angewandte Informatik an der ETH Zürich, war Lehrbeauftragter am Institut für Informatik der Universität Zürich sowie an der Akademie für Militärwissenschaften der ETH Zürich. Im Berufsleben hat er sich permanent mit Wirtschaftsproblemen auseinandergesetzt und die hierfür entwickelten Lösungsansätze mitsamt den dazugehörigen, grundlegenden Theorien in zahlreichen Fachbüchern publiziert. Diese erreichten teils bis zu 8 Auflagen, wurden in verschiedene Sprachen übersetzt, in Video- und CD-ROM-Aufzeichnungen festgehalten sowie in Brailleschrift umgesetzt. Zudem wurden seine Erkenntnisse in einem deutschen Wirtschaftslexikon wie auch in einem deutschen Informatiklexikon publiziert.

Im Jahre 2006 erschien im Verlag »edition fischer« sein bisher letztes Buch mit dem Titel *Bereicherndes Loslassen*. Darin setzt er sich mit dem krebsbedingten Leiden und dem hautnah miterlebten Tod seiner Frau auseinander. Zur Sprache kommt insbesondere, wie jemand, der anfängt, das *Denken vor den Glauben* zu setzen zu bereichernden Erkenntnissen kommen kann und schmerzliche Angst und Schuldgefühle loszuwerden vermag (das Buch ist inzwischen vergriffen).

Kapitel 1
Prolog

Als meine Frau Priska vor 20 Jahren krankheitshalber verstarb, war ich der Verzweiflung nahe. Ich verblieb nach Möglichkeit zu Hause, nahm während Wochen an keinen Veranstaltungen teil, las keine Zeitungen und liess mich auch nicht vom Fernsehen ablenken. Zudem beschränkte ich meine Nahrungsaufnahme auf ein Minimum. Mein Hausarzt war besorgt und wollte mich unbedingt einem Psychiater zuweisen. Ich weigerte mich vehement, vermeinte ich doch, mein Problem mit eigenen Kräften bewältigen zu können. In der Folge versuchte ich, meine quälenden Gedanken nur für mich – allenfalls noch für meine Familie – schriftlich festzuhalten. Tatsächlich vermochte ich dadurch meine Verzweiflung – wohl auch zeitlich bedingt – zusehends in den Griff zu bekommen. Was ich zunächst nur meiner Genesung zugedacht hatte, machte ich in der Folge auf Drängen meiner Kinder der Allgemeinheit zugänglich und veröffentlichte meine Aufzeichnungen im Verlag »edition fischer« unter dem Titel *Bereicherndes Loslassen.* Die Devise des Buches lautet *Denken vor Glauben* und hat mir zu bereichernden Erkenntnissen und damit einhergehend zur Befreiung von schmerzlichen Schuldgefühlen verholfen. Mittlerweile ist das Buch allerdings vergriffen.

Heute stehe ich vor einem ähnlichen Problem, machen mir doch je länger je mehr depressive Gedanken und altersbedingte Beschwerden zu schaffen. Von meiner Lebenspartnerin Zita animiert, versuche ich im Folgenden, meiner Probleme auf bewährtem Wege – also schriftlich – Herr zu werden. Angeregt von Fragen meines Jugendfreundes Peter werde ich im Folgenden Gegebenheiten aus meinem Leben und die mir von aussen eingeimpften Vorstellungen religiöser Art *Hinterfragen – verwerfen – akzeptieren*. Dabei werden unter anderem zur Sprache kommen:

- Gedanken zum Jenseits
- Missbrauch unserer Jenseitsvorstellungen
- Stofflichkeit (Körper), Seele, Geist
- Geistiges Überdauern
- Inkarnation
- Kommunikation mit der Schöpfung
- Angst vor dem Sterben, dem Tod?
- Gelassenheit
- Abweisendes und akzeptierendes Loslassen
- Partnersuche im Alter
- Quelle beruflicher und akademischer Erfolge
- Global (umfassend) denken
- Lokal handeln
- Beglückende Jugenderinnerungen
- Epilog

Der intensiven Beschäftigung mit dem krebsbedingten Leiden und dem hautnah miterlebten Tod meiner Frau habe ich die Erkenntnis zu verdanken, dass man zuerst *denken* und erst dann *glauben* sollte. Die Devise – also *zuerst denken, dann glauben* – begleitet mich bis heute und wird mich auch in diesem Buche beschäftigen. Ihr habe ich nicht nur wertvolle und bereichernde Jenseitserkenntnisse, sondern auch die Befreiung meiner mich vor allem in der Jugend verfolgten Schuld- und Angstgefühle zu verdanken. Ergänzt werden meine Gedanken mit beglückenden Erlebnissen aus der Jugendzeit, aber auch mit solchen im Alter. Zudem versuche ich, darzulegen, worauf meine Erfolge im Berufsleben und akademischen Umfeld zurückzuführen sind. Dabei wird ein umfassendes Denkmodell, das unter anderem von den Chinesen praktiziert wird, wie auch ein darauf basierendes, für die Lösung von Problemen geeignetes Vorgehensmodell zur Sprache kommen.

Gedanken zur Stofflichkeit (Körper), zur Seele, zum Geist, zum geistigen Überdauern, zur Gelassenheit, zur Inkarnation, zur Kommunikation mit der Schöpfung wie auch zum Sterben und Tod runden den Inhalt ab.

Der Stoff wird zwecks Erleichterung der Lesbarkeit als Dialog präsentiert. Dabei tritt mein bester Jugendfreund Peter als Hinterfragender und ich als Antwortsuchender bzw. Antwortgebender in Erscheinung.

Anzumerken ist, dass wesentliche Überlegungen aus meinem vergriffenen Buch *Bereicherndes Loslassen* übernommen wurden.

KAPITEL 2

Gedanken zum Jenseits

»WIE ES *DRÜBEN* (D. H. IM *JENSEITS*) WOHL AUSSIEHT?«, fragte mich kürzlich mein bester Jugendfreund Peter.

Heute liegt Peter im Spital, wo er nach der Diagnose Blasenkrebs zum dritten Mal unters Messer muss. Vermutlich erwartet er sein baldiges Ende, sonst wäre er, der mir stets witzig, fröhlich und aufgestellt begegnet ist, kaum auf das *Drüben* zu sprechen gekommen.

Ich muss zugeben: Auch ich habe mich intensiv mit dem *Drüben* auseinandergesetzt. Nicht, weil ich selber dem Tod ins Angesicht hätte schauen müssen, sondern weil ich meine Frau Priska während vieler Jahre gepflegt und in den Tod begleitet habe.

Ich pflegte meine Frau Priska nach einer Brustkrebsoperation, mehreren Chemotherapien, sowie vielen weiteren, Metastasen zuzuschreibenden Eingriffen während sieben Jahren und erlebte ihren körperlichen Zerfall hautnah mit. Vor allem der fortschreitende Zerfall ihres Verstandes, den sie in gesunden Tagen so geschickt einzusetzen vermochte, ihres Vorstellungsvermögens, ihrer Ausstrahlung haben mich ausserordentlich betroffen gemacht. Allerdings habe ich meiner Betroffenheit auch eine Antwort auf die Frage, wie es denn *Drüben* aussehen mag, zu verdanken.

Und das kam so:

Als es mit meiner Frau dem Ende zuging, lag sie nur noch im Bett und döste vor sich hin. Ich beobachtete sie stundenlang – nahm an ihrem Leiden, ihren Schmerzen teil. Ihr Körper zerfiel zusehends, sackte buchstäblich in sich zusammen. Ihr Atem setzte immer häufiger aus, sie rang förmlich nach Luft. Und wie ihr Körper zerfiel, erloschen auch ihre positive Ausstrahlung, ihr Leuchten in den Augen, ihr Wesen, ihre Seele, ihr Geist.

Und dann plötzlich dieser meiner tradierten religiösen Vorstellung diametral entgegengesetzte Geistesblitz:

Alles, was uns als Mensch auszeichnet – also Seele, Geist, Denken, Vorstellungsvermögen, Erinnerungsvermögen, lieben, trauern, freuen, leiden – vermag nur kraft unserer Stofflichkeit (sprich: Körper) zu existieren. Mithin: ohne leibliche Stofflichkeit weder Seele noch Geist, Denken, Vorstellungsvermögen, Erinnerungsvermögen, lieben, trauern, freuen, leiden!

Kurzum: Ich konnte bei ihrem Anblick mit der Vorstellung einer *seelischen Unsterblichkeit* und damit eines *Drübens* auf einen Schlag nichts mehr anfangen!

Bin ich deswegen Atheist? Mitnichten, stelle ich mir doch vor, dereinst dank eines *Schöpfers* mit den mir zugrunde liegenden Atomen zur Gänze in völlig neuem Sein – unbelebter, belebter Natur – aufzugehen. Ist der Gedanke nicht tröstlich: Aus mir erblüht, erwächst, entsteht dank eines *Schöpfers* völlig Neues. Altes, in welcher Form auch immer, macht Neuem Platz. Fürwahr: Der Gedanke ist tröstlich – mehr noch: Er entlastet und befreit mich von den Fesseln einer Geistlichkeit, die mich – vorausgesetzt ich befolge ihre Anweisungen – mit der in Aussicht gestellten *seelischen Unsterblichkeit* nach Gutdünken zu manipulieren vermag.

Und so versuchte ich, Peter meine Schlussfolgerungen bezüglich eines *Drübens* zu erläutern.

»Lieber Peter, ich meine, dass sich alles Abstrakte ausschliesslich in unserer Vorstellung abspielt. Je nachdem WER oder WAS auf diese einwirken, stellst du dir entweder einen Gott, eine Seele, den Himmel, die Hölle oder aber Allah mit seinen jungfräulichen Verheissungen, Buddha, Mohammed, die Wiedergeburt usw. vor. Genauso berechtigt wären aber auch die Jenseitsvorstellungen der alten Ägypter, der Griechen, der Naturvölker, der Mayas, der Inkas usw. Angesichts dieser Vielfalt klingt der Anspruch einer kirchlichen Institution, die einzig seligmachende Jenseitsvorstellung zu vertreten, schon sehr überheblich[1]. Mehr noch: Es han-

---

[1] Am 6. August 2000 veröffentlichte die Kongregation für die Glaubenslehre die vom damaligen Kardinal Joseph Ratzinger verfasste Erklärung ›*Dominus Jesu*‹. Darin nimmt die katholische Kirche in Anspruch, einzige, vollgültige Erbin der Heilslehre Christi zu sein. Ratzinger zufolge sind anderweitige kirchliche Gemeinschaften nicht Kirchen im eigentlichen

delt sich meines Erachtens um eine völlig unbegründete Behauptung. So bedürfte ein ernstzunehmender Anspruch zwingend eines auf Fakten basierenden Jenseitsbeweises wie auch eines seriösen Vergleichs aller denkbaren Jenseitsvorstellungen. Leider ist man uns bislang sowohl den Beweis wie auch den Vergleich schuldig geblieben.

Selbstverständlich kannst du selber den Verstand beeinflussen, indem du hinterfragst, akzeptierst, verwirfst, ergänzt. Allerdings ist unsere Vorstellung auf eine intakte Stofflichkeit (sprich Körper) angewiesen. Fällt diese – etwa infolge Krankheit oder Tod – aus, so schwindet und endet schliesslich auch die Vorstellung und damit auch das vorgestellte Abstrakte. Ich gehe davon aus, dass sich damit auch ein *Drüben* erübrigt.«

»Schön und gut«, antwortet mir Peter, »nur, was passiert dann mit unserem Körper, der mitsamt unserem Verstand und unserer Vorstellung zerfällt?«

»Ich bin mir sicher, dass *wir* bis ans Ende aller Zeiten überdauern, indem uns unser Schöpfer nach dem Tod nach Massgabe der uns zugrunde liegenden Atome immerzu in Neues belebter und unbelebter Natur überführen wird. Mir genügt dies, mehr brauche und will ich nicht! Kommt dazu, dass ich doch keinen Anspruch auf etwas Abstraktes, nicht Existierendes erheben kann.«

Sinn und ist das Heil ausschliesslich innerhalb der katholischen Kirche zu finden. Die Schrift hat in nichtkatholischen Kreisen für viel Aufregung, ja Empörung gesorgt, erfährt doch die ökumenische Bewegung damit einen herben Rückschlag.

»Schrecklich«, antwortet mir Peter, »mit einer derartigen Vorstellung kann ich mich nicht abfinden!«

»Du solltest dich an eine Empfehlung von Karl Julius Weber [41] halten, die besagt, dass ›*wir uns nicht darum kümmern, nicht da gewesen zu sein, ehe wir geboren wurden. Warum uns kümmern, nicht mehr da zu sein, wenn wir gestorben sind?*‹

Zudem: Überlege mal, ob du dir nicht eine allzu grosse Bedeutung beimisst, wenn du davon ausgehst, dass du auch nach deinem Tod – in welcher Form auch immer – fortbestehen musst! Stell dir vor, wie nichtig, wie unbedeutend wir sind: Wir leben auf einem winzigen Planeten, der von einem Mond umkreist wird und – zusammen mit sieben weiteren Planeten – unsere Sonne umrundet. Diese gehört zusammen mit Milliarden von weiteren Sonnen einer Galaxie – Milchstrasse genannt – an. Das Licht, das sich mit einer Geschwindigkeit von 300'000 Kilometern pro Sekunde fortbewegt, soll dem Vernehmen nach 100'000 Jahre benötigen, um die Milchstrasse – unsere Galaxie also – zu durchqueren. Damit nicht genug: Unsere Galaxie existiert inmitten von Milliarden anderweitiger Galaxien mit jeweils wiederum Milliarden von Sonnen und dies seit Milliarden von Jahren und vermutlich für viele weitere Milliarden von Jahren! Angesichts dieser unvorstellbaren Dimensionen – zeitlich wie räumlich – werde ich mir meiner Beschränktheit, ja Nichtigkeit, voll bewusst. Ich werde bescheiden, demütig gar und damit einhergehend ergreift eine wohlige Gelassenheit von mir Besitz. Und noch etwas wird mir bei alledem bewusst: Es gibt eine kirchliche Institution, die absolute Unfehlbarkeit auf ihre Fahne geschrieben hat. Ob einer solchen Institution wohl noch zu trauen ist, wenn sie während Jahrhunderten fälschlicherweise behauptet hat, die Erde sei Zentrum des gesamten Universums! Noch etwas, lieber Peter, empfehle ich dir in diesem Zusammenhang zu bedenken: Vor deiner Geburt gab es dich ja während Milliarden von Jahren auch nicht, und nach deinem Tod wird es dich vermutlich während Milliarden von Jahren nie wieder geben!

Was mich auch fasziniert und mich meine Bedeutungslosigkeit spüren lässt: Dem Vernehmen nach [26] *›bildeten sich vor rund vier Milliarden Jahren Zellvorläufer, woraus sich Urbakterien entwickelten. Vor zwei Milliarden Jahren entstanden Zellen mit echtem Kern, welche die Grundlage für vielzellige, komplexere Organismen wurden. Dabei ist nichts geblieben, wie es war. Immer wieder traten Störungen auf: Meteoriten, Vulkanausbrüche, Heiss- und Eiszeiten. Mindestens fünfmal in der Erdgeschichte ereigneten sich Massenaussterben; doch verdrängen liess sich das Leben nicht‹*, bis schliesslich menschliche Wesen mit Bewusstsein und Verstand in Erscheinung traten. Störungen werden auch künftig nicht ausbleiben und die Natur und damit auch uns Menschen zwingen, uns ständig neuen Gegebenheiten anzupassen. So wie wir heute in Erscheinung treten, repräsentieren wir nur ein Durchgangsmodell zu Lebewesen mit noch mehr Bewusstsein und Verstand. Auch wenn sich unsere Nachfahren ständig anpassen – eine nächste Störung wird aller Wahrscheinlichkeit nach alles von dannen fegen und neuem Leben Platz machen.

Und noch etwas empfehle ich dir, lieber Peter, zu bedenken: Irgendjemand soll einmal gesagt haben: *›Unsere Friedhöfe sind voller Verstorbener, die zu Lebzeiten der Ansicht waren, unentbehrlich zu sein!‹*.«

Ich weiss nicht, inwiefern mir Peter zuzustimmen gewillt ist. Immerhin fragt er mich:

»Genügt dir dies wirklich? Wenn Gott, die Seele, der Himmel, die Hölle nur in unserer Vorstellung existieren – worin besteht dann der Sinn des Lebens?«

»Meines Erachtens«, entgegne ich, »besteht der Sinn unseres Daseins darin, Leben weiterzugeben, sei dies durch Zeugung, durch Weitergabe der uns zugrunde liegenden Atome an die Natur nach unserem Tode oder durch sorgfältigen Umgang mit der Natur, um damit die nächste, alles von dannen fegende Störung möglichst hinauszuzögern. Sicherlich gehört auch Nächstenliebe dazu.«

Wirklich erstaunlich, welche Einsichten der Devise *zuerst denken, dann erst glauben* entspringen können!

KAPITEL 3

Missbrauch unserer Jenseitsvorstellungen

»KANNST DU DICH MIT DER VORSTELLUNG VON GOTT, EINER SEELE, DEM HIMMEL, DER HÖLLE NICHT ZUFRIEDEN GEBEN?«, fragt mich Peter.

»Doch«, gebe ich zur Antwort, »sehr wohl sogar! Ich finde es durchaus angebracht, wenn kirchliche Institutionen derartige Vorstellungen in uns wachrufen. Sie kommen damit sehr vielen Menschen entgegen, deren Maxime *Zuerst glauben, dann denken* und eben nicht *Zuerst denken, dann glauben* lautet. Soweit, so gut! Bedenklich wird der Einfluss auf unser Vorstellungsvermögen allerdings dann, wenn kirchliche Institutionen unsere Vorstellungen zu beeinflussen versuchen, Schuld- und Angstgefühle in uns wachrufen, um uns damit an sich zu binden!«

»Wie meinst du das?«, fragt mich Peter.

»Ich mache ein Beispiel«, antworte ich. »Priska, meine verstorbene Frau, liebt mich, ich liebe sie. Wenn wir in unserer Liebe geistig wie körperlich ineinander aufgehen wollen, dann dürfen wir das – vorausgesetzt wir halten uns an das kirchliche Reglement – nur in dem Masse, als wir die mögliche Zeugung eines Kindes zulassen. In der Folge verschulden wir uns, weil wir uns kein weiteres Kind leisten können. Die Natur und die Liebe gebieten uns aber, den Akt zu vollziehen. Natürlich hält sich heute niemand an die einschlägige Bestimmung – zumindest nicht in unseren Breitengraden. Wir halten uns nicht daran, weil wir kraft unserer Bildung der Widernatürlichkeit und Unmenschlichkeit der Bestimmung auf die Spur gekommen sind. Aber das war nicht immer so und ist heute nicht überall der Fall.

Gehen wir im Folgenden davon aus, dass wir – Priska und ich – die einschlägige Bestimmung beachten. Wir sind uns bewusst: Wenn wir den Akt vollziehen, so haben wir gesündigt, wir haben uns verschuldet, tragen Schuld- und Angstgefühle mit uns herum, müssen befürchten, dereinst vermaledeit in die Hölle zu fahren! Grässlich! In unserer Verzweiflung bietet uns die Geistlichkeit an, unsere Schuld durch *Absolution* zu tilgen. Die Absolution befreit uns also von einer Sünde, die wir aufgrund der Natur- und Liebesgesetze gar nicht verhindern können. Haben wir Absolution erhalten, sind wir schuldfrei und werden uns sehr bald – wir können gar nicht anders – wieder in Schuld verstricken. Das Ganze beginnt brutal von vorne – *zwingt* uns, von vorne zu beginnen, denn nur schuldfrei haben wir – immer nach Lesart der Geistlichkeit – Anrecht auf *seelisches Überleben im Himmel*. Dieser *Circulus vitiosus* –

also *schuldfrei (Himmelsverheissung)*, *schuldig (Hölle)*, *Absolution* und wieder von vorne – kettet uns unerbittlich an die Geistlichkeit und macht uns von dieser abhängig. In der Folge wird manipuliert, Einfluss und Druck ausgeübt, Macht- und Geldgier befriedigt. Verzichte ich aber von vornherein auf *seelisches Überleben im Himmel* – oder wo auch immer – dann greift dieser unselige *Circulus vitiosus* völlig ins Leere. Karlheinz Deschner bringt die Sache auf den Punkt, wenn er sagt: *›Sicher an der Erlösung ist nur der Erlös‹* [7]. Dass man sich zu Zeiten des Ablasses, ungeachtet des jeweiligen Lebenswandels, einen Platz im Himmel hat erkaufen können, ist bekannt. Weniger bekannt ist, dass es früher eine Bestimmung gab, der zufolge nach erfolgter Eheschliessung einige Tage zu verstreichen hatten, bevor es zum ersten Geschlechtsakt kommen durfte. Indes, wen wundert's: Mit Geld liess sich auch hier alles zufriedenstellend regeln!

Wir begeben uns mit unserem Anspruch auf *seelisches Überleben* in eine verheerende Abhängigkeit. Dieser Anspruch wird uns ja normalerweise von einer Geistlichkeit – welcher Couleur auch immer – schmackhaft gemacht. Akzeptieren wir das Angebot, so bieten wir besagter Geistlichkeit eine Klaviatur an, auf der sich trefflich spielen lässt. Gekoppelt an das Angebot ist nämlich immer auch *Schuld* – zu erlangen aufgrund einer Verletzung eines *Sündenregisters* – sowie *Absolution* und damit einhergehend: *Himmelsverheissung*. *Seelisches Überleben*, so wird uns gelehrt, ist nur dann gewährleistet, wenn wir schuldfrei sind. Nur schuldfrei kommen wir in den Genuss der *Verheissungen des Himmels* – andernfalls fährt unsere *vermaledeite Seele* erbarmungslos und elendiglich in die *Hölle*! Furchtbar! Du kannst dir nicht vorstellen, welche Angst und Schuldgefühle ich in meiner Jugendzeit zu erleiden hatte, war ich doch mit meinem *›lasterhaften Lebenswandel‹* praktisch ein permanenter Kandidat für die Hölle!

Dass du mich recht verstehst: *Verzicht auf seelisches Überleben im Himmel* ist nicht mit *gesetzlos* gleichzusetzen! Die *ethischen Gesetze* – du sollst nicht töten, du sollst nicht stehlen ... – sind in jedem Fall zu beachten.

Übrigens: Ich stehe mit meiner Abkehr von einer unglaubwürdigen Institution – wohlverstanden, nicht vom Glauben an einen mir auch nach dem Tode wohlgesinnten Schöpfer – nicht allein, hat doch eine Studie des Religionssoziologen Roland J. Campiche [4] ergeben, *›dass sich bei einem grossen Teil der Bevölkerung das religiöse Bewusstsein vom institutionell religiösen zu einem universal religiösen Verständnis verlagert hat, bei dem die Wahrheit als breit gefächerter Horizont mit vielen Facetten verstanden wird.‹*.«

»Wärest du«, so will Peter von mir wissen, »bei deinem angestammten Glauben verblieben, wenn sich die Kirche neuzeitlichen Erkenntnissen angepasst hätte?«

Ich überlege – hinterfrage – und antworte:

»Vermutlich schon. Allerdings hätte sich die Kirche von vielem distanzieren müssen, wie etwa:

1. Unfehlbar zu sein.
2. Die einzig selig machende Jenseitsvorstellung zu vertreten.
3. Naturgewollte Handlungen als Sünde zu deklarieren.
4. Verunglimpfung – um nicht zu sagen Diskriminierung – der Weiblichkeit.
5. Verwirrende – mit andern Worten – absurde Verwendung von Begriffen.«

Peter fordert mich auf, die vorgenannten Punkte zu erläutern.

»Ich meine«, antworte ich, »unfehlbar sein, wie auch die einzig seligmachende Jenseitsvorstellung vertreten zu wollen, bedeuten doch, jeder Toleranz abzuschwören und die absolute Wahrheit in Anspruch zu nehmen. Indes: Ist nicht mangelnde Toleranz Quelle von Hass, Blut, Konflikten, Kriegen gar? Wäre denn der Sache nicht viel besser gedient, wenn man zuständigenorts etwas bescheidener, demütiger in Erscheinung träte und im Sinne von Eric-Emmanuel Schmitt [30] anerkennen würde, *›dass niemand die ›Wahrheit‹ für sich gepachtet hat, dass die Wahrheit vielmehr ein Paradoxon ist, das alle Sichtweisen in sich birgt‹* Oder wie Eugen Roth [25] treffend formuliert:

Ein Mensch sieht ein – und das ist wichtig:
Nichts ist ganz falsch und nichts ganz richtig.

Nochmals Eric-Emmanuel Schmitt [30]: ›*Was ist die Wahrheit? Deine, meine oder die der anderen? ... Jede Wahrheit ist nur die desjenigen, der sie behauptet. Es gibt so viele Wahrheiten wie Individuen. Nur eine bewaffnete Macht kann ihre Wahrheit durchsetzen: Durch Schwert, Kampf, Mord, Folter, Erpressung, Angst und Abwägung aller Interessen erzwingt sie eine vorläufige Einigung aller auf eine Doktrin. Die Wahrheit im Singular ist ein Sieg, die Niederlage der andern, im besten Fall ein Waffenstillstand. Doch die eine Wahrheit gibt es nicht; deshalb gibt es keine.*‹

Wie auch immer, lieber Peter: Indem ich von meinem angestammten Glauben loslasse, stelle ich fest, dass viel Unerfreuliches verschwindet und Besserem Platz macht. Ich erkenne aber auch, dass mir viel Liebgewordenes, Vertrautes verbleibt. Dazu gehört in erster Linie das christliche Gedankengut, will heissen: Der Glaube an einen Schöpfer und an die Kraft der Nächstenliebe. Allerdings: Besagter Schöpfer wird mich dereinst nicht seelisch, sondern zur Gänze aufnehmen und nach Massgabe der mir zugrunde liegenden Atome in Form neuer Lebewesen pflanzlicher, tierischer, menschlicher Art, aber auch von leblosen Stoffen, wieder seiner Schöpfung zuführen. Was das Erfreuliche anbelangt, so verschwinden vor allem Schuldgefühle und damit einhergehend Angst. So betrachtet vermag mich der Verzicht auf den Glauben an eine *seelische Unsterblichkeit* ungemein zu entlasten und von Angst zu befreien! Ich kann im Sinne von Epikur[1] [9] *›meine Kraft, die ich im Streben nach Unsterblichkeit vergeude, die es für Sinnenwesen gar nicht gibt, dazu einsetzen, das Leben desto intensiver zu geniessen‹*. Sogar der Theologe Dietrich Bonhoeffer [2] rät: *›Ich darf meinem Los, ein Gast und Fremdling auf dieser Erde sein zu müssen, nicht dadurch ausweichen, dass ich mein irdisches Leben in Gedanken an den Himmel verträume.‹*«

Einem Gedicht von Theodor Storm [31] entnehme ich, dass sich die vorstehenden Gedanken auch poetisch zum Ausdruck bringen lassen:

Wie wenn das Leben wär nichts andres,
Als das Verbrennen eines Lichts!
Verloren geht kein einzig Teilchen,
Jedoch wir selber gehen ins Nichts!

Denn was wir Leib und Seele nennen,
So fest in eins gestaltet kaum,
Er löst sich auf in tausend Teilchen
Und wimmelt durch den öden Raum.

Es waltet stets dasselbe Leben,
Natur geht ihren ew'gen Lauf;
In tausend neu erschaffnen Wesen
Stehn diese tausend Teilchen auf.

[1] Epikur wurde als griechischer Philosoph von seinen Zeitgenossen vor allem deshalb geschätzt, weil er das Menschengeschlecht von der Todesfurcht und der Furcht vor Vergeltung im Jenseits zu befreien versuchte.

Das Wesen aber ist verloren,
Das nur durch ihren Bund bestand,
Wenn nicht der Zufall die verstäubten
Aufs neu zu einem Sein verband.

»Und wie begründest du den dritten Punkt, d. h. naturgewollte Handlungen werden als Sünde deklariert?«, fragt mich Peter.

»Wie gesagt«, antworte ich, »naturgewollte Handlungen werden von der Kirche als Sünde deklariert, um Gläubige im Sinne des bereits erläuterten *Circulus vitiosus* – also schuldfrei (Himmelsverheissung), schuldig (Hölle), Absolution und wieder von vorne – unerbittlich an sich zu ketten. Lass mich in diesem Zusammenhang den Journalisten Max Dohner [8] zitieren. Er meint: ›*Es gibt Paare, die sagen, in ihrem Liebesakt rührten sie manchmal an die elektrische Ebene über ihnen, berührten den Himmel. Stimmt das, wäre Eifersucht der wahre Grund, weshalb die katholische Kirche jeden Liebesakt missbilligt, der nicht dazu dient, Kinder zu zeugen. Die Kirche will allein zuständig sein für den Himmel. Und allein wissen, was übrig bleibt vom Leben, das der Tod beendet. So kriegt sie gleich beides in die Hand: das Monopol über die Liebe und das des Todes, Eros und Thanatos, umhüllt von der gleichen Soutane.*‹.«

»Und was meinst du zum vierten Punkt: Verunglimpfung – um nicht zu sagen – Diskriminierung der Weiblichkeit«, will Peter wissen.

»Dass die Kirche die Frau von allen geweihten Ämtern ausschliesst, ist bekannt. Aber hast du gewusst, dass es eine zwar alte, aber nie widerrufene Verordnung gibt, die der Frau nach einer Niederkunft – weil unrein – während längerer Zeit jeden Kirchenbesuch untersagt. Dass die Dauer des verordneten Ausschlusses vom Geschlecht des geborenen Kindes abhängt (Mädchen bedingen ein längeres Fernbleiben als Knaben) macht die Verordnung nicht besser – im Gegenteil!«

»Verbleibt der letzte Punkt: Verwirrende – um nicht zu sagen – absurde Verwendung von Begriffen. Wie meinst du das?«

»Nimm«, antworte ich Peter, »den Begriff *Jungfrau Mutter Gottes Maria!* Absurd, kann es doch nicht geben: Ein weibliches Wesen ist als Mutter sicher nicht Jungfrau und umgekehrt, eine Jungfrau ist mit Sicherheit nicht Mutter. Oder der Begriff *unbefleckte Empfängnis!* Absurd, suggeriert doch dieser Begriff, dass eine Empfängnis ohne Geschlechtsverkehr möglich ist. Gegenteil von *unbefleckt* ist *schmutzig*, will heissen, ich beschmutze meine Frau, wenn ich mit ihr ein Kind zeuge!

Genau so absurd sind die Gebete, die man uns in der Jugend beigebracht hat. Ich erinnere mich beispielsweise, dass wir als Kind zu beten hatten: *›Nimm mich mir und geb mich ganz zu eigen dir!‹*. Nur gut, dass wir als Kind nicht verstanden, was man uns herzuleiern gebot!

Und noch ein Gebet aus meiner Kindheit ist mir in Erinnerung geblieben. So hatten wir uns – ob wir wollten oder nicht – zu Beginn jeder Religionsstunde wie folgt zu unserem Glauben zu bekennen: *›Katholisch sein ist mein Gewinn – nie soll der Irrtum mich betören! ...* ‹ Rückblickend kommt mir der Umstand, dass man uns dieses Gebet gezwungenermassen hat aufsagen lassen, fast wie eine Vergewaltigung vor.«

»Bist du denn nicht der Meinung, dass sich die Verhältnisse im Verlaufe der Zeit verbessert haben?«, will Peter von mir wissen.

»Doch, sehr sogar«, gebe ich zur Antwort. »Heute versucht dich die Kirche im Sinne des *Circulus vitiosus* – also *schuldfrei (Himmelsverheissung)*, *schuldig (Hölle)*, *Absolution* und wieder von vorne – vordergründig mit Angst und Schuldgefühlen an sich zu binden, während früher Folter bis hin zum Tod an der Tagesordnung waren. Man besuche bei Gelegenheit das Inquisitions-Museum in Lima. Grauenhaft und unvorstellbar, welche Methoden dannzumal zur Anwendung gelangten, um Nichtgläubigen die eigene Religion aufzuzwingen oder Gläubige davon abzuhalten, fremdzugehen! Meines Erachtens steht das damalige Vorgehen den Gräueltaten des radikalen Islamismus von heute in nichts nach – im Gegenteil! Man kann es auch so formulieren: Heute versucht uns die Kirche zynischer und perfider, nämlich psychisch, zu drangsalieren, indem sie Schuld- und Angstgefühle in uns weckt. Früher hingegen wurde das gleiche Ziel physisch, das heisst mittels Terror und Folter erreicht.

Zusammengefasst im Sinne von Eric Emmanuel Schmitt [30]: ›*Glaubensinstitutionen dulden keinen Widerspruch und verfolgen alle Mystiker und freien Menschen. Jede Kirche hat zu ihrer Zeit Einzelkämpfer gejagt und Ketzer an den Pranger gestellt, weil sie keine andere Stimme neben ihrer hören wollte, besonders wenn sie populär war. Das ist der klassische Abwehrreflex einer mächtigen Institution gegen das einzelne Individuum.*‹.«

Zum Abschluss noch eine Aussage des kürzlich verstorbenen Fitness-Pioniers Werner Kieser, der mit 71 Jahren immerhin noch einen Mastertitel in Philosophie an der Open University abgeschlossen hat. Auf die Frage, ob er immer noch ein Atheist sei, antwortete Kieser: ›*Der grösste Betrug an der Menschheit ist die Religion!*‹. Obschon ich mit Kieser einig gehe, würde ich seine Aussage nicht derart absolut formulieren. Für *Zuerst Glaubende, dann Denkende* vermag der Glaube durchaus wie Balsam zu wirken. Insofern ist er meines Erachtens auch gerechtfertigt.

Kapitel 4

Stofflichkeit (Körper), Seele, Geist

»Kannst du mir den Unterschied zwischen Stofflichkeit, Seele und Geist erklären?«, will Peter von mir wissen.

»Ich habe deine Frage schon einmal mit einem viel Lebenserfahrung besitzenden Menschen anlässlich einer Wanderung auf einer wunderschönen griechischen Insel erörtert. Er hat mich wie folgt aufgeklärt:

›*Der Körper ist ein mit allen Finessen ausgestattetes Fahrzeug, das von der Seele in Schwingung gehalten wird. Mit der göttlichen Quelle verbunden, weiss die Seele, was gut ist. Die Seele will schwingen, will sich unendlich freuen, will allumfassend lieben!*

Demgegenüber ist der Geist der Fahrzeuglenker und bedient als solcher das Steuer, die Bremsen und das Gaspedal. Somit ist der Geist für die Richtung wie auch für das Tempo zuständig. Wirkt der Geist in Einklang mit der Seele und dem Körper (akzeptiert er dessen Stärken wie auch Schwächen), so entsteht ein harmonischer Dreiklang. Setzt sich der Geist aber über die Eingebung der Seele oder die Einschränkungen der Physis hinweg, so wird das Fahrzeug (der Körper) nach und nach Schaden erleiden. Unpässlichkeiten, Krankheiten, Unfälle stellen sich ein, den Geist zwingend, seine Fahrweise (Denkart) zu überprüfen und zu fragen: Was will ich eigentlich, was ist mein Ziel?‹.«

»Ich kann mir nicht vorstellen, dass du dich mit dieser doch sehr poetischen Auslegung zufriedengeben kannst«, meint Peter.

»Du hast vollkommen recht, nur: Ich wiederhole mich, wenn ich dir in Erinnerung rufe, dass sich alles Abstrakte – und der Begriff *Seele* gehört eindeutig dazu – ausschliesslich in unserer Vorstellung abspielt. Je nachdem WER oder WAS auf diese einwirkt, stellst du dir vor, eine Seele zu besitzen oder eben auch nicht! Was uns betrifft, so wurde uns im Religionsunterricht beigebracht, dass uns die Seele bei der Taufe eingehaucht werde. Mithin: *ohne Taufe, keine Seele*! Eine schon fast einer Nötigung gleichkommende Auslegung, zumal man im selben Atemzug zu hören bekommt, dereinst – wenn überhaupt – nur seelisch des Himmelreichs teilhaftig zu werden!

Wie wirkt sich besagtes Einhauchen der Seele aber aus? Wie gesagt, ich bin der Meinung, dass lediglich unsere Vorstellung davon betroffen ist. Diese ist indes auf eine intakte leibliche Stofflichkeit (sprich Körper) angewiesen. Fällt diese infolge Krankheit oder Tod aus, so endet auch die Vorstellung und damit auch der Begriff *Seele*. Wenn du diesen Sachverhalt nicht zu akzeptieren bereit bist, bedarf es des Glaubens. Du bist gezwungen, an die Unsterblichkeit der Seele zu *glauben*, ohne dafür den geringsten Beweis zu haben!

Mitunter kriegt man auch zu hören, dass uns im Tode *Energie* verlässt und gewissermassen als in sich geschnürtes Paket – der Seele gleich – gen Himmel schwebt oder – im Sinne einer Wiedergeburt – von einem neuen Menschen Besitz ergreift. Zugegeben: Im Tod verlässt uns Energie, die sich aber alsbald mit der uns umgebenden Energie vermischt. Von einem uns im Tode verlassenden Energiepaket kann demzufolge keine Rede sein!«

»Nun erkläre mir aber, wie es sich mit dem *Geist* verhält!«, fordert mich Peter auf.

»*Geist*«, antworte ich, »ist der Tätigkeit des Gehirns zu verdanken. Mithin: Ohne leibliche Stofflichkeit, ohne Gehirn kein *Geist*! Es wird dich überraschen, wenn ich dir sage, dass uns geistiges Wirken – im Gegensatz zur Seele – zu überdauern vermag!«

»Und wie muss ich mir dieses Überdauern vorstellen?«, will Peter wissen.

»Wir überdauern geistig in dem Masse, als es uns gelingt, Spuren im Gehirn unserer Mitmenschen zu hinterlassen – allerdings nur solange, als diese auf der Welt verbleiben. Einigen wenigen ist es vorbehalten, *geistig* länger zu überdauern, indem sie Werke schaffen (Musik, Kunst, Literatur, Wissenschaft, eine religiöse Heilslehre gehören dazu), die von allgemeinem Interesse sind. Voraussetzung dafür ist allerdings, dass diese Werke in verständlicher Form festgehalten werden. Nur so können sie einfliessen in das *allgemeine Geistesgut* – in den *Gesamtgeist* sozusagen. Dieses Festhalten, dieses Bekanntmachen eines Werkes, ist ein sehr mühsamer Prozess und gelingt – wen wundert's – nur wenigen.

Man kann sich diesen *Gesamtgeist* wie eine *Wolke* vorstellen, welche die gesamte Menschheit umfasst. Die *Wolke* (der *Gesamtgeist* also) wird laufend von lebenden Genies mit neuem Geist alimentiert: Jesus, Goethe, Mozart, Beethoven, Einstein usw. gehörten dazu, aber auch bescheidenere Geschöpfe können ihren Beitrag leisten. Der *Gesamtgeist* verliert allerdings seine Existenzberechtigung, sobald er nicht mehr von Zeitgenossen angezapft oder alimentiert wird. Von daher ist es – zumindest was mich anbelangt – überheblich zu sagen, mein *Geist* ist unsterblich und gehört nach meinem Ableben besagtem *Gesamtgeist* an. Ist es denn nicht tröstlich genug zu wissen, dass unsere irdischen Überreste wieder in die Schöpfung einfliessen. Hier verbleiben sie wenigstens bis ans Ende aller Zeiten – der Geist ist demgegenüber auf *menschliches Dasein* angewiesen!«

KAPITEL 5

Geistiges Überdauern

»DU HAST ANGEDEUTET, DASS UNS GEISTIGES WIRKEN – IM GEGENSATZ ZUR SEELE – ZU ÜBERDAUERN VERMAG! WIE MUSS ICH MIR DIESES ÜBERDAUERN DENN VORSTELLEN?«, will Peter von mir wissen.

»Stelle dir vor«, gebe ich zur Antwort, »dass du deinen Mitmenschen zeitlebens etwas von deinem eigenen *Geist einhauchst*[1]. Wird der *Hauch* – in Form eines Händedrucks, einer Umarmung, eines Wortes, eines gelebten Vorbilds, eines literarischen Werkes, eines Bildes, einer musikalischen Komposition, einer wissenschaftlichen Abhandlung, usw. – vom Empfänger *vergeistigt* (also verinnerlicht), so kann dieser, so er will, den ursprünglichen *Hauch* unverändert, verfälscht, ergänzt, erweitert *weiterhauchen*. Der ursprüngliche *Hauch* ver-

---

[1] Ein guter Freund – er hat als Gymnasiallehrer für Germanistik das Wort zum Beruf gemacht – anvertraut mir: »Wir haben in unserer Herrenrunde über das *Charisma* oder über die *Ausstrahlung* eines Menschen gesprochen. Aber der von dir verwendete Begriff *Hauch* gefällt mir besser – er fasziniert mich gar. *Hauch* ist sinnlicher und auch theologischer. Im Griechischen heisst Hauch *pneuma*. Damit ist der *Geist* gemeint«.
Genau das wollte ich ja zum Ausdruck bringen: *Hauch* als *Geistvermittler*.

siegt erst, wenn keine Empfänger mehr vorliegen, oder wenn die Empfänger – vermöge besserer Einsichten – auf eine Weitergabe des *Hauchs* verzichten.

Ein *Hauch*, der sich über Generationen fortpflanzt, von Mensch zu Mensch wandert und hier *vergeistigt* wird, will heissen: sich als Liebe, Gefühl, Lust, Unlust, Schmerz, Glück, Trauer, Zustimmung, Ablehnung, Fröhlichkeit, Niedergeschlagenheit, Schmerz, Wissensvermehrung, Einsicht, Zuneigung, Trost, Hilfsbereitschaft, Aggression, usw. manifestiert! Allerdings: Meistens erreicht der *Hauch* eines Einzelnen nur das unmittelbare Umfeld und versiegt alsbald wieder!

Wir empfangen ständig *Hauch* von andern, ohne dass sich der *Hauchende* dessen bewusst sein muss. Allein seine Erscheinung und sein Verhalten, die wir kraft unserer Sinne erfühlen, ertasten, ersehen, erhören, erriechen können, wirken auf uns als *Hauch*. Worte in mündlicher und schriftlicher Form, zu ertastende Formen, uns zuteilwerdende Streicheleinheiten, ein freundschaftlicher Händedruck, eine Umarmung, ein Kuss, Mimik, Gestik, Farben, Klänge, Düfte – betörende, unangenehme – gehören dazu. Wir werden laufend vom *Hauch* anderer überflutet – nicht nur von Menschen, sondern auch von Dingen jeglicher Art. Was der Empfänger mit dem eintreffenden *Hauch* anstellt, wie er ihn *vergeistigt*, bleibt ihm – bewusst oder unbewusst – überlassen.

Der *Hauch* von Jesus, Goethes *Hauch*, Einsteins *Hauch* usw. und der damit übermittelte *Geist*, wurde von vielen Zeitgenossen ästimiert und *weitergehaucht*. Der ursprüngliche *Geist* blieb dabei – wie etwa im Falle Goethes – unverändert, oder der *Geist* wurde – wie etwa im Falle Einsteins – angereichert, oder der *Geist* wurde – wie etwa im Falle Jesus – missbraucht.

Zu bedenken ist, dass dem aus unserer Sicht *guten Geist* (beispielsweise jenem von Jesus, Goethe, Einstein, usw.) immer auch *schlechter Geist* (beispielsweise jener von Hitler, Stalin, usw.) gegenübersteht – gegenüberstehen *muss*, denn *gut* kann sich nur bei einem Gegensatz wie *schlecht* oder *bös* manifestieren.

Das *Weiterhauchen* hat zur Folge, dass ein die ganze Menschheit einschliessender *Gesamtgeist* resultiert. Die Menschheit insgesamt agiert als *Geistesträger*, als *Speicher* gewissermassen. Anders formuliert: Die zuvor angesprochene *Wolke* ist in der Menschheit selber angesiedelt. Jeder partizipiert am *Gesamtgeist*. Zugegeben: Der Einzelne ist ein sehr bescheidener *Geistespartizipant*. Indes: Nicht der Einzelne zählt, sondern die Gemeinschaft. Wir sind *gesamthaft* Träger eines *Gesamtgeists*. Der *Gesamtgeist* wird sozusagen von Generation zu Generation *weitergehaucht*.

Der aktuelle *Gesamtgeist* ist im Verlaufe von Jahrmillionen zustande gekommen. Er wurde laufend angereichert – mit *gutem* wie mit *schlechtem Geist*. Die Anreicherung dauert an und wird aller Wahrscheinlichkeit nach auch in den kommenden Jahrmillionen kaum versiegen.

So betrachtet, erübrigt sich die Vorstellung der angesprochenen *Wolke*! Die Zeitgenossen insgesamt sind die *Speicher* dieses im Verlaufe der Zeit angehäuften und weiter wachsenden *Gesamtgeists*.

Offensichtlich strebt die Schöpfung eine *geistige Kulmination* an – einen *finalen Gesamtgeist* gewissermassen! Der Kulminationspunkt ist erreicht, wenn – was kaum je der Fall sein wird – eine Sättigung zustande kommt, oder am jüngsten Tage, also beim Entschwinden der gesamten Menschheit. Damit entschwindet aber auch der *finale Gesamtgeist* – er war ja in der nunmehr entschwundenen Menschheit angesiedelt!

Ein Mensch ist in ein Umfeld eingebettet. Er muss demzufolge in der Lage sein, vom Umfeld eintreffende Nachrichten – das heisst: den *Hauch* von Mitmenschen, aber auch von Dingen jedweder Art – wahrzunehmen, das eintreffende Signal *geistig* zu verarbeiten, um nach aussen sinnvoll zu reagieren. Reagiert wird, indem der Mensch *aushaucht*, will heissen: seiner Liebe, seinem Gefühl, seiner Lust, Unlust, seinem Schmerz, Glück, seiner Trauer, Zustimmung, Ablehnung, Fröhlichkeit, Niedergeschlagenheit, seinem Schmerz, seiner Wissensvermehrung, Einsicht, Zuneigung, Tröstung, Hilfsbereitschaft, Aggression, seinen Gedanken usw. – bewusst oder unbewusst – Ausdruck verleiht.

Ein wahrgenommener *Hauch* wird sehr oft nicht unmittelbar bearbeitet – also *vergeistigt* – sondern ins *Gehirn* ausgelagert. Gleiches gilt für *geistige Zwischenergebnisse* wie normalerweise auch für ausfliessenden *Hauch*.

Für die Bearbeitung des *Hauchs* ist der *Geist* zuständig. *Geist* und *Gehirn* bilden eine *Einheit*. Ohne *Gehirn* hängt der *Geist* buchstäblich in der Luft. Dem *Geist* muss, so er *Hauch* zu *vergeistigen* in der Lage sein soll, ein *Gefühls-* und *Erfahrungsschatz* zur Verfügung stehen. Umgekehrt kann ein *Gehirn* seinen Zweck ohne *Geist* nicht erfüllen.

Kommt ein Mensch aufgrund seines im *Gehirn* gespeicherten *Gefühls-* und *Erfahrungsschatzes* nicht weiter, so lässt sich der *Geist* von anderweitigen Zeitgenossen – falls nötig auch der *Gesamtgeist* – anzapfen. Das Anzapfen, wie auch der Rückfluss von *Geist*, erfolgt aufgrund eines *Hauchs*.

Ein wahrgenommener *Hauch* kann den *Geist* bewusst oder unbewusst, flüchtig oder zeitlebens beschäftigen. Dies ist nur mit einem *Speicher* – eben einem *Gehirn* – zu gewährleisten.

Der Einzelne ist – vermöge seines Erkenntnis- und Speichervermögens – ein bescheidener, völlig unbedeutender Wegbereiter zum *geistigen Kulminationspunkt*. Ein winziges, vergängliches Rädchen im unendlichen Gefüge. Die allermeisten Rädchen zeitigen, was ihren Beitrag zum geistigen Kulminationspunkt anbelangt, überhaupt keine Wirkung. Ihr *Geist* verpufft nur wenig nach dem Tode. Auf dem *Geist* einer verschwindend kleinen

Anzahl – auf Einsteins *Geist* beispielsweise – bauen andere auf, um den eigenen *Geist* aufzuwerten und allenfalls veredelt *weiterzuhauchen*. Höchstens der *Geist* einiger Auserwählten – der *Geist Jesus* vielleicht – wird am geistigen Kulminationspunkt noch feststellbar sein – wenn überhaupt! Schliesslich geht es hier ja nicht um Jahrhunderte, sondern um Jahrmillionen – wer weiss?

Und wieder klingt die Erkenntnis an: *Geist ist an leibliche Stofflichkeit gebunden und setzt Dasein voraus!*

Ich erkenne meinen Schöpfungsauftrag darin, dank meines Vorbildes einen *Geist weiterzuhauchen*, der wenigstens von mir Nahestehenden ästimiert wird. Darauf zu hoffen, dass mein *Geist* auch anderswo für gut befunden und über Generationen *weitergehaucht* wird, also einige Zeit im *Gesamtgeist* verbleibt, wäre Vermessenheit! Ich habe schon viel erreicht, wenn mein *Hauch* bei den mir Nahestehenden ankommt und dort als Teil meines *Geistes* verbleibt – bis ans Ende *ihrer* Tage!

Offenbar experimentiert die Schöpfung andauernd auf dem Wege zum *geistigen Kulminationspunkt*. Was nicht standhält, wird ausgemistet, laufend kommt Neues dazu – im guten wie im schlechten Sinne. Das Ausmisten, wie auch die Neugestaltung, erfordern eine laufende Elimination von ausgedienten *Geistesträgern* – neue *Geistesträger* sind gefragt. Die Schöpfung fordert ihren Tribut: Es *muss* gestorben werden. Freilich: Es *muss* auch geboren werden! *Sterben* ist mit Blick auf die Ziele der Schöpfung unerlässlich, es erfolgt im Interesse einer stetigen Erneuerung der Schöpfung! Genauso wie das *Gebären*!

Zugegeben: In gewissen Fällen wird – zumindest unseres Erachtens – zu früh gestorben! Der Verstorbene hätte uns noch lange *hauchend* erhalten bleiben sollen! Aber das ist unsere Sicht! Sie hat in Bezug auf das finale Ziel keinerlei Bedeutung!

So betrachtet, bedaure ich meinen Tod, weil ich dannzumal den *Hauch* der Schöpfung nicht mehr *einhauchen*, *vergeistigen* und möglicherweise aufgewertet der Schöpfung *zurückhauchen* kann. Ich habe ausgedient, buchstäblich *ausgehaucht*! Andern obliegt es – so sie wollen – mein *geistiges Erbe* anzutreten. Aber deswegen habe ich noch lange keine Angst vor dem Tod – höchstens vor dem Sterben.«

KAPITEL 6

Inkarnation

»WAS HÄLTST DU EIGENTLICH VON *INKARNATION*, ALSO WIEDERGEBURT (FLEISCHWERDUNG) IN FORM EINES *EINZIGEN, NEUEN GESCHÖPFS*?«, will Peter von mir wissen.

»Meines Erachtens inkarnieren wir schon«, gebe ich zur Antwort, »allerdings nur in dem Masse, als die uns zugrunde liegenden Atome – bei einer Kremation hauptsächlich in die Luft entweichend, aber auch in der Asche vorzufinden – nicht bei der Entstehung eines *einzigen, neuen Geschöpfs*, sondern *vieler neuer Geschöpfe*, wie auch von Pflanzen, Kristallen, Edelsteinen, Luft, Wasser usw. mal hier, mal dort Verwendung finden. Selbstverständlich nicht unmittelbar – aber im Verlaufe von Jahrmillionen!

Möglicherweise wird eines meiner Atome dereinst sogar auf einem andern Gestirn vorzufinden sein! Ob wohl Antoine de Saint-Exupéry [27] diese Möglichkeit in Betracht zieht, wenn er seinen kleinen Prinzen sagen lässt: ›*Wenn du bei Nacht den Himmel anschaust, wird es dir sein, als lachten alle Sterne, weil ich auf einem von ihnen wohne, weil ich auf einem von ihnen lache.‹*

Auch Indianer scheinen eine ähnliche Auffassung zu haben, ist doch einem ihrer Gedichte zu entnehmen:

Steh nicht an meinem Grab und weine.
Ich bin nicht dort. Ich schlafe nicht.
Ich bin tausend Winde, die wehn.
Ich bin der Diamantglanz auf dem Schnee.
Ich bin das Sonnenlicht auf dem reifen Korn.
Ich bin der warme Herbstregen.
Wenn du erwachst in des Morgens Stille,
bin ich der Flügelschlag der stummen Vögel.
Ich bin das sanfte Sternenlicht der Nacht ... «

KAPITEL 7
Kommunikation mit der Schöpfung

»DU HAST MIR ERZÄHLT, DASS DICH DEIN *SCHÖPFER* DEREINST NACH MASSGABE DER DIR ZUGRUNDE LIEGENDEN ATOME WIEDER SEINER SCHÖPFUNG ZUFÜHREN WIRD. SAG MAL, KOMMUNIZIERST DU EIGENTLICH MIT DEINEM *SCHÖPFER*, ÄHNLICH WIE MAN ZU *GOTT* BETET?«, will Peter von mir wissen.

»Ich weiss, der Begriff *Schöpfer* ist – wie übrigens auch der Begriff *Gott* – insofern irreführend, als er die Vorstellung eines alten Mannes mit schneeweissem Haar und wallendem Bart suggeriert, dem man – gewissermassen von Person zu Person – seine persönlichen Anliegen vortragen kann.«

»Aber warum sprichst du eigentlich immer von einem *Schöpfer* und nicht einfach von *Gott*?«, bohrt Peter weiter.

»Wir sind es gewohnt, dass alles – auch das Universum – einen Ursprung haben muss. Nachdem wir uns den Ursprung des Universums nicht erklären können, kommen wir nicht umhin, an etwas Abstraktes, also an *Gott* oder an einen *Schöpfer* oder an was auch immer als Ursprung der *Schöpfung* zu *glauben*.

Wenn von *Gott* die Rede ist, so stellt man sich einen *Himmel* vor, wo uns *Gott* – gottgefälligen Lebenswandel vorausgesetzt – dereinst *seelisch* in Empfang nehmen wird. Nein, Peter: Nachdem meines Erachtens *Gott*, der *Himmel*, die *Seele* nur in unserer vergänglichen Vorstellung existieren, kann ich mit dieser gängigen Ansicht nichts anfangen.

Ich distanziere mich von dieser Vorstellung, indem ich eben nicht von *Gott*, sondern von einem *Schöpfer* rede. Zugegeben: Auch der Begriff *Schöpfer* existiert nur in meiner vergänglichen Vorstellung. Im Gegensatz zu *Gott* wird mich mein *Schöpfer* dereinst aber nicht *seelisch* in Empfang nehmen. Vielmehr hat er mit seiner *Schöpfung* die Voraussetzung dafür geschaffen, dass die mir zugrunde liegenden Atome nach meinem Ableben immerzu in Neues belebter und unbelebter Natur überführt werden können.

Um auf deine Frage zurückzukommen: Ich kommuniziere nicht direkt mit meinem *Schöpfer* (vergleichbar mit dem Beten zu *Gott*), wohl aber mit seiner tatsächlich wahrnehmbaren und greifbaren Schöpfung. Dies, indem ich:

- Meine Pflanzen hege und pflege – ja sogar mit ihnen rede;
- Vögel füttere und sie ganz nahe an mich herankommen lasse – auch sie verdienen einige Worte;
- Ein Rotbrüstchen – es hört tatsächlich auf den Namen *Bijou* – hat es mir besonders angetan. Es klopft

täglich an mein Fenster, mir so *einhauchend*, dass es Hunger habe. Es pickt mir sogar aus der Hand. Kurz vor dem Abfliegen: ein schriller Pfiff, mir seine Zufriedenheit *einhauchend*. Den Hauch *vergeistigend*, empfinde ich Glück und Freude;

- Katzen und Hunde streichle. Ihre treuen Augen, ihr anschmiegsames Fell, ihre Anhänglichkeit auf mich wirken lasse, den damit einhergehenden Hauch *vergeistige* und dabei Zuneigung und Achtung vor der Kreatur empfinde;
- Blumen, Berge, den Sand, den Wind, die Sonne, die Wüste, das Meer, aber auch Leuchttürme schätze. Auch der Schnee, das Kräuseln der Wellen, die geheimnisvollen Tropen- und Regenwälder gefallen mir. Deren *Hauch* – in Form von Licht, Farben, Düften, Formen, sinnlichen Gefühlen, Geräuschen usw. auf mich einwirkend – wird von mir *vergeistigt* und bewirkt Glücksgefühle;
- Die Gaben der Schöpfung bewusst in die Hände nehme und daraus etwas entstehen lasse. Köstliche Speisen, beispielsweise. Ich richte sie in ansprechender Weise an und geniesse ihren Geschmack;
- Mit den Gaben der Schöpfung einen Stall für die weihnachtliche Krippe, ein Marionettentheater samt Figuren für die Kinder, usw. zimmere;
- Den Garten hege und pflege;

- Ein Bild, ein Musikstück, ein literarisches Werk, eine Skulptur auf mich einwirken lasse: Sie hauchen mir den *Geist* des Malers, des Komponisten, des Dichters, des Bildhauers ein und beeinflussen so meinen *Geist*. Ich verspüre Beruhigung, Erheiterung, Beglückung, Trost, Zuneigung, Liebe – was weiss ich!
- Das Licht und die Wärme einer brennenden Kerze oder eines Feuers im Kamin auf mich wirken lasse;
- In der Natur wandere;
- Zu erspüren trachte, wie ein und dieselbe Aufgabe von verschiedenen Menschen angegangen wird. Welche Diskrepanz ist doch mitunter festzustellen, wenn man ein von verschiedenen Solisten interpretiertes Werk auf sich einwirken lässt: Beglückende, möglicherweise aber auch beklemmende Gefühle stellen sich ein;
- Für Nächstenliebe einstehe. Letzteres schon im eigenen Interesse, denn wie ich auf einen Menschen zugehe, so kommt er auf mich zurück!

Alles wunderschön – und erst noch im Sinne einer Kommunikation mit der Schöpfung!

Auch das ist Kommunikation mit der Schöpfung:

Meine Frau Priska hat mir zu einem runden Geburtstag einen wunderbaren Bergkristall geschenkt. Er steht in unserem Wohnzimmer, ich beleuchte ihn von hinten und von vorne. Das reflektierte Licht *haucht* mir die

Schönheit der Schöpfung ein und erinnert mich an die Liebe der Schenkenden!

Auch das ist Kommunikation mit der Schöpfung:

Ich lasse den Film *›Vater sein dagegen sehr‹* mit Heinz Rühmann auf mich einwirken. Gezeigt wird das Schicksal zweier Kinder, die nach dem Vater durch den Tod soeben auch die Mutter verloren haben. Die Waisenkinder werden von ihrem Onkel (Heinz Rühmann) aufgenommen und mit den Worten getröstet:

> Es bleibt nicht so, es bleibt nicht so,
> auch du wirst wieder einmal froh.
> Es heilt die Zeit, es heilt die Zeit,
> alles geht vorüber!

Ein wunderbarer Film! Ich bin zu Tränen gerührt, nicht zuletzt auch darum, weil die tröstenden Worte nicht nur bei den Kindern, sondern auch bei mir Wirkung zu erzielen vermögen.

Noch unter dem Eindruck dieses ergreifenden Films wird mir bewusst, dass hier *Gesetze der Schöpfung* genutzt wurden, um den Hauch des Drehbuchautors, des Schauspielers, des Regisseurs zu konservieren und beliebigen Orts zu beliebiger Zeit wieder wirken zu lassen.

Auch das ist Kommunikation mit der Schöpfung:

Ich umgebe mich in meinem Heim mit schönen Gegenständen: Von meiner Frau Priska gewobene Wandbehänge, Bilder, Skulpturen, Teppiche, Steine, Kristalle, Pflanzen, Blumen, eine antike Wanduhr, farbige Kugeln aus Mineralien und Glas gehören dazu. Abends bestrahle ich sie mit Licht. Nicht mit einem zentralen Licht, einen Raum bis in alle Ecken ausleuchtend. Nein: Das Licht wird dezent fokussiert. Jeder mir wertvoll erscheinende Gegenstand wird individuell angestrahlt. Das einfallende Licht wird voller Wärme zurückgeworfen – *haucht* mir damit den *Geist* des Urhebers und damit der Schöpfung ein!

Jetzt höre ich meine Frau Priska zwar fragen: *›Du guter Mann, braucht es das wirklich?‹* *›Ja‹*, sag ich, *›es inspiriert, es regt an, es lässt mich die Schöpfung spüren!‹*

Auch das ist Kommunikation mit der Schöpfung:

Bei einer Hausarbeit dringt mir ein Holzsplitter tief unter die Haut. Normalerweise eine Angelegenheit für meine Frau Priska, nur: Sie ist nicht mehr da. Selber kann ich den Splitter nicht entfernen. Ich gehe in eine nahegelegene Arztpraxis und bitte die Arztgehilfin, mir zu helfen. Subtil und fachgerecht wird der Splitter entfernt. Ich frage sie, was ihre Hilfe koste. *›Nichts‹*, sagt sie, *›so etwas hat keine Kostenstelle.‹* Trotzdem, ich möchte mich erkenntlich zeigen und frage, ob sie Pralinen oder Blumen möge. *›Ach‹*, sagt sie, *›organisieren sie uns doch ein kleines Gebäck für unseren Kaffee.‹* Es versteht sich, dass das Gebäck unverzüglich herbeigeschafft wird.

Zeichen menschlicher Zuneigung – gelebte Nächstenliebe!

Auch das ist Kommunikation mit der Schöpfung:

In meinem Schlafzimmer steht ein Wecker. Er empfängt per Funk von weither die genaue Uhrzeit wie auch das Datum. Er passt sich sogar von selber der Zeitverschiebung an. Zudem: Auch die ausserhalb des Hauses gemessene Temperatur wird per Funk übertragen. Nachts wird die Aussentemperatur sowie die Uhrzeit mit schwachem Licht an die Decke projiziert. Ich brauche bloss die Augen zu öffnen, um zu wissen, ob ich aufzustehen habe, oder doch besser im Bette verbleibe, weil es draussen bitterkalt ist.

Ich mache von der Technik im Bewusstsein Gebrauch, dass mir *Gesetze der Schöpfung* zugutekommen. Sie wurden von andern Menschen geschickt, gezielt und bewusst bei der Konzipierung meines *Weckers* genutzt.

Auch das ist Kommunikation mit der Schöpfung:

Ein sympathischer Kollege weilt derzeit in Australien. Per SMS (Short Message Service) teilt er mir für praktisch kein Geld von der gegenüberliegenden Seite der Erde mit: »Rate mal, was ich heute im besten Fischrestaurant Sydneys gegessen habe?« Ich kenne meinen Kollegen, brauche deswegen nicht lange zu raten, werfe den Ball zurück und *hauche* per SMS rund um die Welt: »Das kann nur Hummer gewesen sein! Ich gönne ihn dir. Aber sag, kannst du diese Köstlichkeit so ohne Gesellschaft überhaupt geniessen?« Mein *Hauch* wird den *Geist* meines Gegenübers mit Sicherheit in eine einvernehmliche Stimmung versetzen. Für mich beglückend!

Oder: Wir telefonieren gelegentlich miteinander. Wir haben den Wochentag und die Anrufzeit – für mich 12:00 Uhr, in Australien 22:00 Uhr – miteinander vereinbart. Die Abmachung ist nötig, weil eine direkte Verbindung nur mit eingeschaltetem Natel möglich ist. Eines Tages – ich will wie abgemacht mit meinem Gegenüber in Australien sprechen – erhalte ich beim Einschalten meines Natels die Nachricht: ›*Heute Abend gehe ich in die Oper. Ich weiss nicht, wann ich zu Hause sein werde, aber es wird sicher später als 22:00 Uhr.*‹ Ich *hauche* per SMS zurück: ›*Kann ich dich um 22:00 Uhr – für dich 08:00 Uhr – erreichen?*‹. Um 22:00 Uhr weiss ich aufgrund eines SMS-*Hauchs*, dass das Gespräch zustande kommt.

Ich verwende die Technik, um den *Hauch* – und damit den *Geist* – eines meilenweit entfernten Kollegen entgegenzunehmen und ihm meine Gefühle – meinen *Geist* also – *zurückzuhauchen*. Und wieder bin ich mir bewusst, dass mir *Gesetze der Schöpfung* zugutekommen. Sie wurden von andern Menschen geschickt, gezielt und bewusst bei der Konzipierung eines *weltumspannenden Kommunikationsnetzes* genutzt.

Auch das ist Kommunikation mit der Schöpfung:

Ich benutze einen Computer zur Erstellung dieses literarischen Werks. Ich gebe ihm zunächst nur meine Disposition bekannt. Der aufmerksame Leser erinnert sich der im Prolog dargelegten Disposition:

1. Gedanken zum Jenseits
2. Missbrauch unserer Jenseitsvorstellungen
3. Stofflichkeit (Körper), Seele, Geist
4. Geistiges Überdauern

etc.

In der Folge fallen mir laufend – selbst mitten in der Nacht – Episoden aus meinem Leben ein. Ich halte meine Gedankensplitter sofort stichwortartig auf einem Zettel fest, ansonsten entschwinden sie unwiederbringlich! Bei Gelegenheit versorge ich meine Notizen *geordnet* und *wiederauffindbar* in meinem Computer. Bei der Eingabe sorge ich dafür, dass meine Gedanken mit bereits Vorhandenem in Beziehung gesetzt werden. Von jetzt an kann ich meine gespeicherten Stichworte jederzeit überarbeiten, ergänzen, verfeinern, verschieben und – so ich will – löschen. Meine Gedanken werden *knetbar* – wie Lehm! Mithilfe des Computers forme ich meine Gedanken, ich strukturiere sie und mache sie *hauchbar*.

Ist das nicht wunderbar!

Und wieder bin ich mir bewusst, dass mir bei der Erstellung meines literarischen Werks *Gesetze der Schöpfung* zugutekommen. Sie wurden von andern Menschen geschickt, gezielt und bewusst bei der Konzipierung von *Computern* genutzt.

Auch das ist Kommunikation mit der Schöpfung:

Ich finde auf eine mir wichtige Frage keine Antwort. Per Knopfdruck am Computer kann ich wenigstens einen

Teil des *Gesamtgeistes* anzapfen und mich beraten lassen. Der *Gesamtgeist* ist nämlich nicht mehr nur in den Gehirnen der Menschheit angesiedelt, sondern steht neuerdings, zum Teil wenigstens, in den Speichern von weltweit miteinander vernetzten Computern zur Verfügung. Antworten auf beliebige Fragen, Bilder – sogar animierter Art – Klänge, in Zukunft wohl auch Düfte, sind jederzeit aktualisiert abrufbar. Der *Geist* von Zeitgenossen, wie auch von Verstorbenen, wird mir für praktisch kein Geld ins eigene Heim geliefert. Vor ganz kurzer Zeit noch völlig undenkbar – phantastisch!

Und wieder sind es die *Gesetze der Schöpfung*, die mir in meiner Unwissenheit helfen. Sie werden von andern Menschen geschickt, gezielt und bewusst bei der Konzipierung von *weltweit miteinander vernetzten Computern* genutzt, die insgesamt *Teile des Gesamtgeists zu speichern* vermögen.

Zweifellos: Dieser weltumspannende Computerverbund beschleunigt die *geistige Kulmination* in ungeahnter Weise, werden doch damit grosse Teile des *Gesamtgeists* praktisch für jedermann anzapfbar – so man will!

Kommunikation mit der Schöpfung – der Theologe Dietrich Bonhoeffer [2] formuliert es so: *›Mitten im Leben muss Gott (der Schöpfer) erkannt werden; im Leben und nicht erst im Sterben, in Gesundheit und Kraft und nicht erst im Leiden, im Handeln und nicht erst in der Sünde will Gott erkannt werden.‹*

Konklusion: Kommunikation mit der Schöpfung ermöglicht mir das *Paradies* – nicht im Jenseits, sondern hier auf Erden! An mir, dieses Paradies zu gestalten, es meinen Wünschen und Bedürfnissen anzupassen.

Paradies bedeutet für mich: Meine Lebenspartnerin Zita, meine Kinder, meine Enkel, das dezent fokussierte Licht in meiner Wohnung, die Vögel, die Pflanzen, der Garten, der Computer, der Wecker, die Freunde, die Nachbarn, die Arztgehilfin, die Sonne, der Wind, das Meer, ein Leuchtturm, die Wüste, fremde Länder, fremde Kulturen – was weiss ich!

Allein schon, was uns bei der Zeugung eines *Hauch* empfangenden und *Hauch* weitergebenden Wesens widerfährt, ist *paradiesisch*. Voraussetzung ist *nur*, dass die Zeugung mit einem geliebten Menschen sowie bewusst erfolgt!

Auffallend: Praktisch kein Mittel, mir die Kommunikation mit der Schöpfung und damit das Paradies im Diesseits ermöglichend, bedarf materieller Güter. Ob ich mich wohl unbewusst an die Empfehlung des Theologen Dietrich Bonhoeffer [2] halte, die da lautet: *›Sorget nicht! Güter und Schätze spiegeln dem menschlichen Herzen vor, ihm Sicherheit und Sorglosigkeit zu geben; aber in Wahrheit verursachen sie gerade erst die Sorge. Das Herz, das sich an die Güter hängt, empfängt mit ihnen die erstickende Last der Sorge.‹*

Kommunikation mit der Schöpfung ermöglicht mir das Paradies – nicht im Jenseits, sondern hier auf Erden!

Allerdings: Ich bin mir bewusst, dass dieses Paradies sehr flüchtig ist und mir mit einem Schlag abhandenkommen kann. Es ist eine Illusion zu glauben, es gäbe andauerndes Glück ohne Unglück, Liebe ohne Liebesleid, Erfolg ohne Misserfolg, Wachstum ohne Zerstörung, Gesundheit ohne Krankheit, Leben ohne Tod. Man kann nie nur das eine haben, es existiert immer auch eine Kehrseite. Wie pflegt man doch so schön zu sagen: *›Wer den Regenbogen will, muss auch den Regen in Kauf nehmen!‹* Oder: *›Leben ohne Schatten ist Leben ohne Sonne. Wer nie im Dunkeln sass, kennt das Licht nicht.‹*. Oder: *›Wer Schmetterlinge mag, muss auch Raupen in Kauf nehmen!‹*

Dazu ein Gebet von Antoine de Saint-Exupéry: [27]

> Bewahre mich, Herr, vor dem naiven Glauben,
> es müsse im Leben alles glatt gehen.
> Schenke mir die nüchterne Erkenntnis,
> dass Schwierigkeiten, Niederlagen,
> Misserfolge, Rückschläge
> eine selbstverständliche Zugabe zum Leben sind,
> durch die wir wachsen und reifen.

Die Schöpfung ist offenbar so ausgelegt, dass sich *Glück* und *Gesundheit* nur im Falle eines Gegensatzes wie *Unglück* und *Krankheit* manifestieren können. Entsprechend *muss* es *zwangsläufig* neben *glücklichen* und *gesunden* auch *unglückliche* und *kranke* Menschen geben – selbst wenn sich diese noch so redlich um ein *gutes*, ein *gesundes* Dasein bemühen.«

Kapitel 8

Angst vor dem Sterben, dem Tod?

»Hast du eigentlich Angst vor dem Sterben oder dem Tod?«, will Peter von mir wissen.

»Wenn ich mir die vorgängig besprochenen zeitlichen und räumlichen Dimensionen, in denen sich mein Leben abspielt, aber auch meine Rolle als Durchgangsmodell zu Lebewesen mit noch mehr Bewusstsein und Verstand vorstelle, so werde ich mir der Bedeutungslosigkeit meines Sterbens und meines Todes voll bewusst. Zudem: Hast nicht du mir einmal erzählt, dass Sterben das zweithäufigste Ereignis sei, das der Menschheit seit Menschengedenken widerfahren ist. Nur die Geburten übertreffen zahlenmässig das Sterben! Kurz: Es handelt sich um ein völlig natürliches, zum Leben gehörendes, normales Ereignis!

Angst vor dem Sterben habe ich eigentlich nur insofern, als dieses in der Regel mit Leiden und Schmerzen einhergeht. Ansonsten sehe ich dem Ereignis gelassen entgegen.«

»Aber wie verhält es sich mit der Angst vor dem Tod?«, bohrt Peter weiter.

»Angst vor dem Tod?«, antworte ich, »mitnichten! Den Tod werde ich ja gar nicht mehr erleben! Kommt dazu, dass mit dem Tod alle meine altersbedingten Gebresten mit einem Schlag verschwinden, was ich als durchaus begrüssenswert erachte.

Übrigens *›versuchen wir permanent, die unsere Lebenslust beeinträchtigende Angst vor dem Sterben durch den Glauben an die Unsterblichkeit unserer Seele zu kompensieren.‹* Dass man auch gegenteiliger Auffassung sein kann, illustriert Annemarie Pieper in ihrem Buch *Glückssache* [22] indem sie Epikur [9] wie folgt zitiert:

›Gewöhne dich an den Gedanken, dass es mit dem Tode für uns nichts auf sich hat. Denn alles Gute und Schlimme beruht auf Empfindung; der Tod aber ist die Aufhebung der Empfindung. Daher macht die rechte Erkenntnis von der Bedeutungslosigkeit des Todes für uns die Sterblichkeit des Lebens erst zu einer Quelle der Lust, indem sie uns nicht eine endlose Zeit als künftige Fortsetzung in Aussicht stellt, sondern dem Verlangen nach Unsterblichkeit ein Ende macht. Das angeblich schaurigste Übel also, der Tod, hat für uns keine Bedeutung; Denn solange wir noch da sind, ist der Tod nicht da; stellt sich aber der Tod ein, so sind wir nicht mehr da. Er hat also weder für die Lebenden Bedeutung noch für die Abgeschiedenen.‹

Epikurs Argument, so Annemarie Pieper, *›läuft darauf hinaus, dass die Einsicht in die Bedeutungslosigkeit des*

Todes in doppelter Hinsicht einen Lustgewinn mit sich bringt. Erstens können wir die Kraft, die wir im Streben nach einer Unsterblichkeit vergeuden, die es für Sinnenwesen gar nicht gibt, dazu einsetzen, das Leben umso intensiver zu geniessen. Zweitens wird die Angst vor dem Tod gegenstandslos, wenn wir begreifen, dass der Tod uns nichts anhaben kann – weder, solange wir Lust empfinden, denn dann leben wir, noch, wenn wir nicht mehr leben, denn dann empfinden wir nichts mehr.‹

Noch weiter geht der Bestsellerautor Eric-Emmanuel Schmitt im Roman *Das Evangelium nach Pilatus* [30], wenn er den Zyniker Kraterios zum römischen Prokurator Pilatus sagen lässt: *›Der wahre Weise fürchtet den Tod nicht, weil er weiss, dass er nichts ist. Das Bewusstsein leidet nicht, weil es nicht mehr existiert. Mit dem Fleisch vergeht auch der Geist, Wünsche und Ängste verwesen mit uns. Unser Ableben beraubt uns aller Möglichkeiten zu leiden, wir sollten es erwarten wie die Glückseligkeit. Das ist übrigens der einzige Weg zur Weisheit: sich auf den Tod zu freuen wie auf ein Fest.‹*

Wenn du es genau wissen willst: Angst vor dem Sterben: Nur insofern, als ich damit einhergehende Leiden und Schmerzen fürchte, aber Angst vor dem Tod: mitnichten. Eigentlich logisch: Sterben ist ein Vorgang, den ich wohl oder übel aktiv werde erdulden, allenfalls erleiden müssen. Demgegenüber ist der Tod ein Zustand, den ich gar nicht zur Kenntnis werde nehmen müssen. Übrigens: Jemand hat einmal gesagt: *›Man fürchtet den Tod* *nur, wenn man in seinem Leben nicht wirklich glücklich gewesen ist.‹* Ich fürchte den Tod nicht, will heissen ...

Beachtenswert sind in diesem Zusammenhang auch Sokrates' Gedanken. So meint er: *›Niemand kennt den Tod, es weiss auch keiner, ob er nicht das grösste Geschenk für den Menschen ist. Dennoch wird er gefürchtet, als wäre es gewiss, dass er das schlimmste aller Übel sei.‹*«

»Aber«, wendet Peter ein, »dein Tod betrifft doch auch deine Hinterbliebenen!«

»Selbstverständlich hast du recht!«, antworte ich, »man darf nicht nur an sich selber denken. Es verbleiben ja die Hinterbliebenen, die an meinem Tod leiden. Allerdings bin ich der Meinung, dass sich meine Hinterbliebenen im Sinne eines unbekannten Autors mit dem Gedanken trösten müssten: *›Vielleicht erheischt Liebe auch, jemanden gehen zu lassen, wissend, wann es Abschied zu nehmen heisst. Nicht zulassen, dass unsere Gefühle dem im Wege stehen, was am Ende wahrscheinlich besser ist für die, die wir lieben.‹*

Ganz anders verhält es sich natürlich, wenn ich Menschen infolge meines schuldigen Verhaltens zeitlebens Leid zugefügt habe. Hier wird mein Tod nachträglich nichts wiedergutmachen. Allerdings vermöchte ich das Leid der Betroffenen zu lindern, indem ich diese noch zu Lebzeiten um Verzeihung bitte.

Wie auch immer: Anzustreben wäre eigentlich im Sinne von Charles Montesquieu [20], *›möglichst jung zu sterben, und dies möglichst spät!‹*.«

»Könntest du mir zusammenfassend nicht erklären, an was du eigentlich glaubst?«, will Peter von mir wissen.

»Zunächst«, gebe ich zur Antwort, »glaube ich nicht, dass meine Seele von Gott im Himmel, oder vom Teufel in der Hölle erwartet wird. Schon deshalb nicht, weil ich die Existenz einer Seele – wenn überhaupt – nur in meiner vergänglichen Vorstellung zulasse. Ich glaube jedoch, dass ein Schöpfer das All wie auch die belebte und unbelebte Natur geschaffen hat, und dass die mir zugrunde liegenden Atome nach meinem Ableben wieder in besagte Natur zurückfliessen. Das bedeutet, dass wir in gewisser Hinsicht *unsterblich* sind. Nämlich:

1. *Stofflich:*
   indem wir dereinst nach Massgabe der uns zugrunde liegenden Atome der Schöpfung zur Schaffung neuer Lebewesen pflanzlicher, tierischer, menschlicher Art, aber auch von leblosen Stoffen, zur Verfügung stehen;

2. *Genetisch:*
   indem wir durch Zeugung für den Fortbestand unserer Spezies sorgen;

3. *Geistig:*
   indem wir zeitlebens *hauchend* auf unsere Zeitgenossen einwirken und damit für den Fortbestand

überlieferten Wissens wie auch für die Weitergabe eigener Erkenntnisse sorgen.

Das genügt mir, mehr erwarte und will ich nicht, umso mehr, als diese Aussicht – zumindest für mich – tröstlich ist .«

»Hast du nicht: ›*Wir überleben auch seelisch*‹ vergessen?«, will Peter wissen.

»Ich hab dir schon gesagt: alles, was den Bereich *Seele* anbelangt, spielt sich meines Erachtens in unserer Vorstellung ab und erlischt spätestens mit unserem Ableben!«

»Sag mal«, bohrt Peter weiter, »bist du eigentlich *religiös*?«

»Ja, insofern ich an einen *Schöpfer* glaube. Dafür brauche ich aber keiner Konfession anzugehören, die mich in meiner Entfaltung hindert. Ich muss auch weder an meine *Auferstehung* noch an meine *seelische Unsterblichkeit* glauben.«

»Und erachtest du dich auch als *Christ*?«, will Peter weiter wissen.

»Ja, indem ich für *Nächstenliebe* einstehe. Ich versuche tatsächlich, meine(n) Nächste(n) zu lieben. Nicht unbedingt wie mich selbst – das wäre oft zu wenig – aber indem ich ihm (ihr) mit Respekt begegne. Indem ich ihn (sie) auch im Falle einer unterschiedlichen Meinung akzeptiere, ihm (ihr) zuhöre, ihn (sie) zu verstehen versuche, und zwar immer mit dem Ziel, von ihm (ihr) zu lernen. Dies gebietet eigentlich bereits der gesunde Menschenverstand, denn wie ich einem Menschen gegenübertrete, so wird auch er mich behandeln. Ich bin an einem guten Einvernehmen interessiert! Wie sagt man doch so schön: ›*Wie man in den Wald hineinruft, so schallt es heraus!*‹

Immer noch als Christ: Ich trete für soziale Gerechtigkeit ein. Allerdings nur in dem Masse, als der Schwächere willens ist, im Rahmen seiner Möglichkeiten Leistung zu erbringen.

Und schliesslich: Ich praktiziere Nächstenliebe nicht nur der zwischenmenschlichen Harmonie wegen. Möglicherweise zapft mein Gegenüber den *Gesamtgeist* in einer mir unbekannten, aber vorteilhaften Weise an und könnte mir in irgendeiner Form – bewusst oder unbewusst – Hinweise auf diesbezügliche Möglichkeiten geben!«

Schliesslich will ich von Peter wissen: »Hättest du einer Operation zugestimmt, wenn du gewusst hättest, welche Konsequenzen die Massnahmen deiner Ärzte zur Folge haben würden?«

Peter schaut mich verdutzt an und schweigt, worauf ich ihm meine Ansicht bekanntgebe:

»Aufgrund der mit meiner verstorbenen Frau Priska gemachten Erfahrungen hätte ich an deiner Stelle nur einer palliativen Behandlung zugestimmt, lautet doch meine, das Leben betreffende Maxime: *Lieber kurz und gut als lang und leidvoll* – immer im Hinblick auf die Tatsache, dass wir früher oder später so oder so abzutreten haben.«

KAPITEL 9

Gelassenheit

»HATTEST DU EIGENTLICH SCHON IMMER DIESEN GELÖSTEN, UNVERKRAMPFTEN UMGANG MIT DEM STERBEN, MIT DEM TOD?«, will Peter von mir wissen.

»Mitnichten!«, gebe ich zur Antwort. »In jungen Jahren löste der Gedanke an das Sterben und den Tod fürchterliche Angstgefühle in mir aus. Ich versuchte, den Gedanken – leider meist vergeblich – mit allen Mitteln zu verdrängen. Mit zunehmendem Alter begann ich jedoch zu hinterfragen und erkannte je länger je mehr, dass sich mein Ableben unter keinen Umständen verhindern lässt, dass es sich dabei um etwas Unabänderliches, Endgültiges, völlig Natürliches handelt. Wie sagtest du doch einmal so treffend: *›Das Sterben ist das zweithäufigste Ereignis, das der Menschheit seit Menschengedenken widerfahren ist. Nur die Geburten übertreffen zahlenmässig das Sterben!‹*.

In der Folge übernahm ich die vorstehenden Überlegungen Epikurs und akzeptierte meine unvermeidbare Sterblichkeit. Ich spürte, wie ich damit meine Angst zu überwinden vermochte und wie eine wohlige

Gelassenheit in Bezug auf das Sterben und den Tod von mir Besitz ergriff.

Ob sich diese wohlige Gelassenheit nicht auch auf andere Bereiche des Lebens ausdehnen liesse, fragte ich mich alsdann. Ich erkannte, dass sich Gelassenheit praktisch von selbst einstellt, wenn man Unabänderliches akzeptiert und sich nicht darüber ärgert. Was nützt es mir, wenn ich mich vom schlechten Wetter, von den Pandemiemassnahmen, von Altersgebrechen, von meinem angestammten Glauben verdriessen lasse? Es schadet mir nur und ändert nichts! Akzeptiere ich aber das Unabänderliche, so vermag eine wohlige Gelassenheit von mir Besitz zu ergreifen. Das Geheimnis beglückender Gelassenheit somit: *Über der Sache stehen, sich nicht von misslichen, unabänderlichen Umständen beeindrucken und beeinflussen lassen.*

Freilich, man kriegt besagte Gelassenheit nicht geschenkt, man muss sie sich erarbeiten. Möglicherweise hilft einem dabei ein vom amerikanischen Theologen Reinhold Niebuhr im Jahre 1951 verfasstes Gebet. Es lautet:

> Herr, gib mir die Gelassenheit, Dinge hinzunehmen,
> die ich **nicht ändern kann,**
> den Mut, Dinge zu **ändern**, die ich **ändern kann**,
> und die Weisheit, das eine vom andern zu unterscheiden.

Allerdings: So schön das Gebet auch klingen mag, es ist meines Erachtens nicht ganz richtig. So stellt sich Gelassenheit nämlich erst dann ein, nachdem man Unabänderliches akzeptiert hat und nicht umgekehrt. Besser wäre es somit, den Herrn um Kraft und die Fähigkeit zu bitten, Dinge hinzunehmen, die sich nicht ändern lassen, um alsdann in den Genuss von Gelassenheit zu kommen!

Stell dir vor, lieber Peter, ich habe mir inzwischen einen Grad an Gelassenheit angeeignet, der es mir erlaubt, meine eigene Todesanzeige ohne jegliche Befangenheit aufzusetzen. So wird man aller Wahrscheinlichkeit nach dereinst in der Zeitung zu lesen bekommen:

ABSCHIED und DANK

Mein Lebenskreis hat sich geschlossen. Indes: »*Ich*« überdaure wunderbarerweise bis ans Ende aller Zeiten, wird mich doch mein Schöpfer hinfort nach Massgabe der mir zugrunde liegenden Atome immerzu in Neues belebter und unbelebter Natur überführen. Das genügt mir, mehr brauche und will ich nicht!

Meinen innigsten Dank verdient haben meine geliebte Lebenspartnerin Zita sowie alle Menschen, die zur Bereicherung meines Seins beigetragen haben. Jene aber, die ich in irgendeiner Weise enttäuscht, verletzt oder beleidigt habe, bitte ich um Verzeihung!

MAX VETTER-EUGSTER
Von ... bis ...

Es gedenken meiner:

Meine Lebenspartnerin Zita
Meine Kinder Susanne, Laurent, Ariane, Simone mit ihren Partnern
Mein bester Jugendfreund Peter

Bald 84-jährig frage ich mich mitunter mit Gelassenheit, wie lange die Anzeige wohl noch auf sich warten lässt!«

KAPITEL 10

Abweisendes und akzeptierendes Loslassen

»DU HAST MIR ERKLÄRT, DASS DU DEINE VERZWEIFLUNG NACH DEM TOD DEINER FRAU IN DEN GRIFF ZU KRIEGEN VERSUCHTEST, INDEM DU DICH MIT IHREM KREBSBEDINGTEN LEIDEN UND DEM HAUTNAH MITERLEBTEN TOD – ANSTELLE EINES PSYCHIATERS – SCHRIFTLICH AUSEINANDERGESETZT HAST. GAB ES ANDERE MITTEL, DIE DIR HALFEN, DEINE VERZWEIFLUNG ZU BÄNDIGEN?«, will Peter wissen.

»Natürlich«, antworte ich ihm. »Geeignete Lektüre, insbesondere ein Buch über indische Lebensweisheiten, hat mir sehr geholfen. In letzterem fand ich den Hinweis, dass uns Menschen auf unserem Lebensweg alles nur geliehen sei und dass wir jederzeit damit rechnen müssen, materielle und geistige Werte, Gesundheit, geschätzte Mitmenschen, ja unser eigenes Leben gar zu verlieren. Aus diesem Grunde sollte man sich nicht mit aller Kraft am Geliehenen festklammern, sondern jederzeit bereit sein, zu verzichten und freiwillig loszulassen. *Loslassen* kann man allerdings auf ganz unterschiedliche Arten, nämlich *akzeptierend* und *bereichernd*, oder *abweisend* und *resignierend*. Das *abweisende, resignierende Loslassen* kann man sich bildlich als Faust mit nach oben zeigendem Handrücken vorstellen. Wird die Faust langsam geöffnet, so zeigt die Handfläche nach unten. Zum Ausdruck kommt, dass das *abweisende, resignierende Loslassen* enttäuscht, mutlos, zerknirscht erfolgt – alles entschwindet, vom Losgelassenen bleibt einem nichts erhalten (siehe Abb. 1).

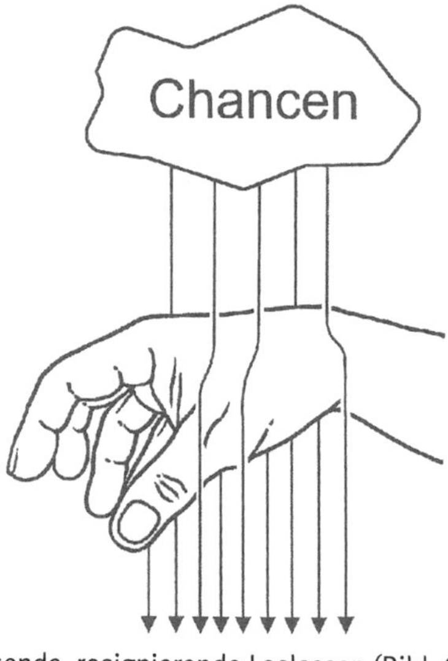

Abb. 1: Das abweisende, resignierende Loslassen (Bild: Graphikatelier Rolf Lang. CH 5405 Dättwil AG)

Ganz anders beim *akzeptierenden, bereichernden Loslassen*, das man sich bildlich als Faust mit nach unten zeigendem Handrücken vorzustellen hat. Wird die Faust langsam geöffnet, so zeigt die Handfläche nach oben und nimmt die Form einer aufnahmebereiten Schale an. Alles kann gehen, was gehen will – ich übergebe es gewissermassen dem Wind – und alles kann kommen, was kommen mag. Das *akzeptierende, bereichernde Loslassen* erfolgt also voller Offenheit und Zuversicht, voller Erwartung und Empfangsbereitschaft – ja, es schliesst sogar etwas Neugier mit ein, macht uns für Neues empfänglich, bereichert (siehe Abb. 2). Kommt dazu, dass uns beim *akzeptierenden, bereichernden Loslassen* vom Alten vieles erhalten bleibt.

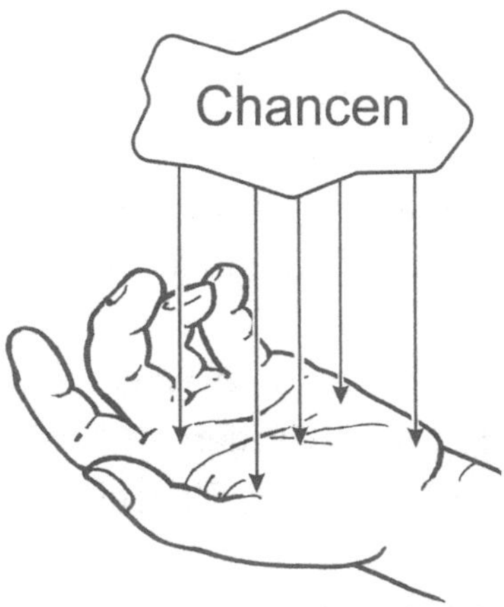

Abb. 2: Das akzeptierende, bereichernde Loslassen (Bild: Graphikatelier Rolf Lang. CH 5405 Dättwil AG)

Geben und nehmen, aber niemals halten – eine weitere Interpretation der das *akzeptierende Loslassen* symbolisierenden, aufnahmebereiten Hände!«

Erstaunlich, wie oft mir diese Hand in Form einer aufnahmebereiten Schale in meinem Leben schon geholfen hat. Begonnen hat es mit dem Tod meiner Frau Priska. Anfangs liess ich in meiner Verzweiflung im Sinne des abweisenden, resignierenden Loslassens (Abb. 1) alles an mir abprallen, bis ich mich entschloss, meine Hand zu drehen (zu öffnen) und im Sinne des akzeptierenden, bereichernden Loslassens (Abb. 2) die sich aus Priskas Tod ergebenden Chancen wahrzunehmen. Zugegeben: Es hat lange gedauert, bis mir dies gelang, doch nach sieben Jahren nahm ich die Chance wahr und ging eine beglückende Bekanntschaft ein, die bis heute angedauert hat.

Oder: Ich habe bewusst einer Kirche den Rücken gekehrt, die mich für einen naturgewollten Liebesakt in Schuldgefühle zu verstricken sucht. Von einer Institution auch, die einer Diskussion brennender Widersprüche wie Pflichtzölibat, Geburtenregelung, Aids, Homosexualität, Verunglimpfung – um nicht zu sagen – Diskriminierung der Frau beharrlich aus dem Wege geht und vor dem Hintergrund grösster Irrtümer und begangener Grausamkeiten (Galileo Galilei[1], Hexenverfolgung[2], Kreuz-

---

[1] Mit einem selbstkonstruierten Fernrohr gelangen Galileo Galilei [10] bedeutende astronomische Entdeckungen, die damals unerwünschte Beweise gegen das von der Kirche verteidigte Weltsystem lieferten. Nach einem Inquisitionsverfahren musste Galilei seine Lehre öffentlich dementieren.

[2] Im Jahre 1486/87 wurde der sogenannte Hexenhammer (Malleus Maleficarum) erstmals aufgelegt. Sonja A. Buholzer nimmt in ihrem lesenswerten Buch *Solange du liebst (Botschaften einer Rebellin)* [3] wie folgt dazu Stellung: ›Der Hexenhammer stellt das zentrale Buch in der gezielten Hexenverfolgung und im millionenfachen Vernichtungswahnsinn aller verdächtigen Frauen dar. Zwischen geschätzten 6 bis 11 Millionen Frauen werden insgesamt im Namen der katholischen Kirche brutal gefoltert und ermordet. Alles Weibliche wird dämonisiert und stellt eine ultimative Bedrohung der zölibatären männlichen Geistlichkeit dar. Dieses Hexenbild wanderte fortan zwischen lodernden Scheiterhaufen, hässlichster Frauenverachtung und perversester Folterkam-

züge, Inquisition ...) unverdrossen die alleinige Wahrheit für sich in Anspruch nimmt.

Im obigen Beispiel habe ich freiwillig auf meinen Glauben verzichtet, um damit eine Chance wahrzunehmen. Anders verhält es sich, wenn ich mit zunehmendem Alter gezwungen werde, schleichend von meiner Jugend loszulassen und damit auf Kraft, Ausdauer, Elan, Zuversicht, Willenskraft, Denkvermögen usw. verzichten muss. Als Chance dafür brauche ich niemandem mehr etwas zu beweisen – ich kann gänzlich mich selber sein – ich kann mich ganz meiner Gelassenheit hingeben!

Fazit: Es ist empfehlenswert, sich bei jedem Loslassen – bei jedem Verlust – die aufnahmebereiten Hände entsprechend Abb. 2 vor Augen zu halten, sich nicht entmutigen zu lassen und sich zu fragen: Welche Chancen ergeben sich aufgrund meines Loslassens?

---

mern im Namen der katholischen Kirche durch das heutige Europa und raffte alles dahin, was einen Rock trug und den geringsten Anschein der Unbescheidenheit machte. Die Massenvernichtung der Frauen, ein Programm mit Millionen von Opfern, wird bis zum heutigen Tag seitens der katholischen Kirche beschwiegen. Eine Rehabilitation der als Ketzerinnen Ermordeten fehlt. Ebenso fehlt eine Entschuldigung der katholischen Kirche bei allen Frauen dieser Welt.‹

KAPITEL 11

Partnersuche im Alter

»DU HAST MIR ERZÄHLT, DASS DU NACH DEM TOD DEINER FRAU EINE BEGLÜCKENDE PARTNERSCHAFT EINGEGANGEN SEIST. WIE HAST DU DENN DEINE PARTNERIN KENNENGELERNT?«

»Sieben Jahre nach dem Tod meiner Frau – ich war inzwischen 71 Jahre alt geworden – war ich des Alleinseins müde geworden. Ich veröffentlichte eine Anzeige, der zufolge ich eine Partnerin suche, die gewillt sei, mit mir kulturelle Veranstaltungen zu besuchen, wandernd die Natur zu erkunden, zu reisen und auch kulinarischen Genüssen nicht abgeneigt sei. Selber präsentierte ich mich als 71-jährigen Akademiker, gesund und Nichtraucher. Angesichts meines Alters, so dachte ich mir, wird sich kaum jemand melden. Umso überraschter war ich, als ich 65 Zuschriften erhielt, darunter auch eine vom Schweizerischen Fernsehen. Darin wurde mir kundgetan, dass man eine Sendung des Inhalts *Partnersuche im Alter* plane, und ob ich bereit wäre, daran teilzunehmen. Ohne den genauen Zeitpunkt der Aufzeichnung festzulegen, stimmte ich zu.

Unterdessen versuchte ich, die 65 Zuschriften zu sichten und mich für eine erste Kandidatin zu entscheiden. Erstaunlicherweise fiel mir dies nicht schwer, faszinierte mich doch ein bestimmtes Schreiben seiner Klarheit wie auch des beigelegten Bildes wegen. Wir verabredeten eine erste Zusammenkunft und wanderten anschliessend gemeinsam dem See entlang bis zur Fischerstube. Es entwickelte sich ein angeregtes Gespräch – allerdings nicht ganz nach meinem Gusto. So erzählte sie mir – Zita mit Namen – dass sie zurzeit eine Fastenkur absolviere und aktiv einer Pilgergruppe angehöre. Kurz und gut: Sie vermittelte mir den Eindruck, tief religiös zu sein, was keineswegs meiner Vorstellung von einer geeigneten Partnerin entsprach. In der Folge nahm ich Kontakt mit einer weiteren Kandidatin auf, merkte aber sehr bald, dass hier keine harmonische Übereinstimmung vorlag.

Mittlerweile hatte sich auch das Schweizerische Fernsehen bei mir gemeldet und in einer 5-stündigen Audienz meine Umgebung, Hobbys, Wünsche und Vorstellungen aufgezeichnet. Da ich zu jener Zeit immer noch mit der zweiten Kandidatin liiert war, bat ich das Fernsehteam, bei der Ausstrahlung darauf hinzuweisen, dass ich bereits fündig geworden sei und keine weiteren Zuschriften wünsche. Die 5-stündige Aufzeichnung wurde auf ca. 7 Minuten zusammengeschnitten und ausgestrahlt, nachdem ich mich von der zweiten Kandidatin bereits verabschiedet hatte. Der nunmehr nicht mehr zutreffende Hinweis aber, ich sei bereits fündig geworden, blieb erhalten.

Was ich nicht wusste, war, dass die erste Kandidatin, Zita also, die Sendung sah, worauf sie mir schrieb, sie freue sich, dass ich jemanden gefunden habe, und dass sie mir alles Gute wünsche. Ich war gerührt und antwortete umgehend, dass ich nach wie vor nach einer Partnerin Ausschau halte. Auch legte ich meinem Schreiben das bereits erwähnte Buch *Bereicherndes Loslassen* bei, das ich nach dem Tod meiner Frau Priska geschrieben hatte und in dem meine religiöse Gesinnung klar zum Ausdruck kommt. In der Folge stellte sich heraus, dass ich bei der ersten Begegnung mit Zita einem Missverständnis zum Opfer gefallen war, und dass Zita eine mir ähnliche religiöse Gesinnung vertrat. Wir verabredeten uns erneut, worauf sich mit der Zeit eine beglückende, nunmehr während mehr als 12 Jahren anhaltende Partnerschaft ergab.

Eigentlich erstaunlich, dass ich mein Glück im Alter dem Schweizerischen Fernsehen verdanke!«

Es wundert mich nicht, dass Peter weiter bohrt und wissen will:

»Aber was macht ihr denn so zusammen?«

»Nun«, antworte ich, »wir besuchen gemeinsam kulturelle Veranstaltungen, sind kulinarischen Genüssen nicht abgeneigt, wandern und reisen viel. Anfangs haben wir alle bekannten Wanderwege der Schweiz unter die Füsse genommen, dann haben wir zu Fuss China, Japan, Afrika, Thailand, Madeira, Sizilien erkundet. Mit zunehmendem Alter stand mitunter auch eine Kreuzfahrt auf dem Programm. So haben wir beispielsweise Brasilien, Argentinien, Montenegro, aber auch Petersburg, Dubai, Singapur, Myanmar und Indien besucht. Auf unzähligen Flussfahrten haben wir sodann Wien, Bratislava, Budapest, Paris, Lyon, Honfleur, Marseille, Köln, Hamburg, Berlin, München, Düsseldorf, Antwerpen, Brüssel, Porto usw. erkundet.«

Die Antwort genügt Peter offenbar nicht, will er doch zusätzlich wissen: »Und was passiert sexuell?«

»Dass du es weisst: Sexualität war uns lange Zeit sehr wichtig. Allerdings: Mit bald 84 Jahren darfst du leider nicht mehr das Bisherige erwarten. Immerhin: Wenn Zita mir im Bett ihren Rücken zuwendet, ich mich daran anschmiege, sie einarmig umarme, mit der Hand eine ihrer Brüste liebkose und spüre, wie mir ihre Wärme zufliesst, wie mich ihre Weiblichkeit überkommt, kann ich mir eigentlich nichts Schöneres vorstellen. In der Regel schlafe ich dabei auch wohlig, entspannt und geborgen ein.

Wie auch immer: Beide versuchen wir, die Bedürfnisse des/der andern wahrzunehmen und optimal aufeinander zuzugehen. Fürwahr: Wir lieben uns – was will man mehr!«

Ob ich mich wohl täusche? Peter schaut mich mit grossen Augen an und scheint etwas neidisch zu sein!

KAPITEL 12

Quelle beruflicher und akademischer Erfolge

»WEM HAST DU EIGENTLICH DEINE BERUFLICHEN UND AKADEMISCHEN ERFOLGE ZU VERDANKEN?«, will Peter von mir wissen.

Ich überlege, hinterfrage und gebe zur Antwort:

»Eindeutig meinem ersten und einzigen Arbeitgeber, der IBM (International Business Machines Corporation).«

»Wie das?«, bohrt Peter weiter.

»Nun«, antworte ich, »ich habe an der ETH (Eidgenössische Technische Hochschule) in Zürich – mithilfe meiner Eltern notabene – Chemie studiert und bekam es im Rahmen einer Diplomarbeit mit einem primitiven Kleincomputer zu tun. Die Beschäftigung mit besagtem Gerät faszinierte mich dermassen, dass ich mich mit abgeschlossener Diplomierung ohne jegliche Informatikkenntnisse bei der IBM um eine Stelle bewarb. Damals bestand noch keine Möglichkeit, an einer Hochschule Informatik zu studieren, weshalb sich die IBM gezwungen sah, Laien anzustellen und diese selber auszubilden.

Als Chemiker wurde ich von der IBM in Basel, dem Zentrum der schweizerischen Chemieindustrie, beschäftigt. In der Folge wurde ich in Projektmanagement, Analyse und Programmierung ausgebildet, sodass ich in der Lage war, Fachleute in der Industrie zu beraten. Obschon es für diese Tätigkeit keiner Chemiekenntnisse bedurfte, kamen mir diese in meiner Beratertätigkeit sehr zustatten, wurde ich doch von den Industriechemikern als vollwertiger Gesprächspartner akzeptiert.

Ich wohnte damals in Basel, war verheiratet und hatte zwei Kinder. Nach ca. 10 Jahren bot mir die IBM eine Stelle am ESRI (European Systems Research Institute) in Brüssel an. Keine leichte Entscheidung, galt es doch, für meine Familie in Brüssel eine Bleibe und für meine Kinder Schulplätze zu finden sowie den Umzug vorzubereiten. Auch plagte mich die Angst, den hohen Anforderungen nicht gerecht zu werden.

Meine Frau Priska war damals in Basel als Kindergärtnerin tätig. Trotzdem spornte sie mich an, die vielversprechende Stelle anzutreten. Ich bin ihr heute noch dankbar, dass sie alle meine Bedenken zu zerstreuen vermochte und mir dadurch den Einstieg in eine faszinierende Welt ermöglichte.«

»Faszinierend, inwiefern?«, will Peter von mir wissen.

»Schon die Infrastruktur war überwältigend. Stelle dir ein modernes Gebäude inmitten eines riesigen Waldes, mit zum Flanieren einladenden Wegen vor. Das Gebäude strotzte nur so von bestens eingerichteten Arbeitsplätzen, Hörsälen mit bis zu 500 Sitzplätzen, amphitheatralisch aufsteigend und mit der modernsten Präsentationstechnik ausgestattet.

Zur Anlage gehörten zwei im Walde angelegte Fitnessparcours unterschiedlichen Schwierigkeitsgrades, eine Squashanlage, Tennisplätze, Pingpong-Tische sowie ein Schwimmbad – alles zur freien Benutzung, notabene!

Zudem: In kurzen Abständen fanden für die Mitarbeiterinnen und Mitarbeiter wie auch für deren Angehörige rauschende Ballnächte mit erstklassigen Orchestern sowie Konzerte und theatralische wie auch kabarettistische Veranstaltungen im 500-plätzigen Auditorium statt. An Weihnachten wurden die Kinder der Mitarbeiterinnen und Mitarbeiter fürstlich beschenkt. Ich erinnere mich: Mein Sohn erhielt einmal eine komplette Eisenbahnanlage und meine Tochter ein Mikroskop. Kurz: Wenn man es nicht selbst gesehen und erlebt hat, kann man sich die grosszügig konzipierte Anlage wie auch das vielfältige Angebot an geselligen, kulturellen wie auch sportlichen Veranstaltungen kaum vorstellen.

Das Institut selber war wie eine Hochschule organisiert und wurde von ausgewählten Mitarbeiterinnen und Mitarbeitern der IBM aus der ganzen Welt besucht. Ihr Ziel war, Kenntnisse bezüglich der zukünftigen Entwicklung der Informatik zu erhalten und diese in der Praxis anzuwenden.

Umgangssprache war Englisch. Wiederum eine Herausforderung sondergleichen, hatte ich doch mit meinem rudimentären Schulenglisch anspruchsvolle Sachverhalte zu erläutern. Anfangs machte ich denn auch zahlreiche Fehler, was Englisch sprechende Zuhörer wiederholt zu lautem Gelächter veranlasste. Ich erinnere mich, dass mich einer dieser Zuhörer einmal darauf ansprach, was ich eigentlich mit dem Ausdruck *a Volleyball* meine. Ich erklärte ihm, was ich damit zum Ausdruck bringen wollte, worauf ich zur Antwort erhielt, das Wort sei nicht wie *a Volleyball*, sondern wie *available* auszusprechen! Und noch ein Beispiel dieser Art: Eines Tages forderte ich meine Zuhörer auf, ein Stück Papier zur Hand zu nehmen. Meine Aufforderung hörte sich Englisch wie folgt an: *Please, take a shit of paper.* Erneut wurde meine Aussage mit schallendem Gelächter quittiert, worauf man mir zu sagen beliebte, was *shit* zu bedeuten habe und dass ich stattdessen besser *sheet* hätte sagen sollen. Wirklich peinlich!

Dass der Humor nicht zu kurz kam, ist nicht nur den vorstehenden Betonungsfehlern zu entnehmen. So sassen wir eines Tages während einer Mittagspause zu acht um einen runden Kaffeetisch und erzählten uns unsere jüngsten Erlebnisse. Als die Reihe an mir war, kam ich auf meine kürzlich erfolgte Geschäftsreise nach Japan zu sprechen. Um die langwierige und mühsame Reise nach Tokio zu entschärfen, so meine Ausführungen, hätte ich in Bangkok einen Zwischenhalt eingelegt. Da ich wusste, dass Lederwaren in Thailand besonders günstig zu kaufen waren, hätte ich ein Lederwarengeschäft aufgesucht und mir von einer hübschen Verkäuferin einige Koffer zeigen lassen. Ein besonders raffiniertes Exemplar stach mir sofort in die Augen. Als ich mich nach dem Preis erkundigte, nannte mir die Verkäuferin unerwartet einen exorbitant hohen Preis. Ich stutzte und wollte das Geschäft unverrichteter Dinge verlassen, worauf mir die Verkäuferin zu verstehen gab, ich dürfe mit ihr tun und lassen, was immer ich wolle, sofern ich den Koffer kaufe. Aus meiner Sicht hatte ich damit meine Geschichte zu Ende erzählt. Allerdings hatte ich nicht mit meinem schlagkräftigen Kollegen gerechnet, der nicht umhin konnte als lauthals in die Runde zu werfen: *›Und schliesslich hat er das Geschäft mit zehn Koffern verlassen.‹*

Und noch ein Beispiel zum Thema *falsche Wortwahl*. Wieder sass ich mit meinen Französisch sprechenden Kollegen nach dem Mittagessen zu acht um einen runden Kaffeetisch. Nachdem am vorangegangenen Wochenende eine rauschende Ballnacht stattgefunden hatte, stand uns genügend Gesprächsstoff zur Verfügung. Und so erzählte ich meinen Kollegen, dass ich mir anlässlich besagter Ballnacht beim Besentanz die schönste Sekretärin geangelt hätte. Als mir etwas später der Besen von einem anderweitigen Tänzer überreicht wurde, hätte ich mich wie üblich mit einem Kuss von meiner Tänzerin verabschiedet. Ich versuchte, meinen Kollegen mit meinem Schulfranzösisch den Sachverhalt wie folgt zu erklären: Mit Sicherheit wusste ich, dass *der Kuss* auf Französisch *le baiser* heisst. Logischerweise vermutete ich, dass sich das Substantiv *der Kuss* nicht nur im Deutschen, sondern auch im Französischen verbalisieren lasse. Und so hörte sich meine deutsche Erklärung *ich habe sie geküsst* französisch wie folgt an: *Je l'ai baisé*. Dass meine Vermutung nicht richtig sein konnte, erkannte ich am schallenden Gelächter, das mir aufgrund meiner Aussage entgegenbrandete. Ich blickte verständnislos in die Runde, worauf man mir zu verstehen gab, man dürfe das Substantiv *le baiser* nicht wie im Deutsch verbalisieren, es sei denn, man möchte zum Ausdruck bringen, mit jemandem den Liebesakt vollziehen zu wollen. Peinlich, peinlich!

Was die Mitarbeiterinnen und Mitarbeiter des Instituts betraf (also unter anderem auch mich), so war man verpflichtet, innerhalb eines vorgegebenen Rahmens pro Woche fünf Vorlesungen, die letzten Erkenntnisse auf dem vorgegebenen Gebiet betreffend, zu halten. Keine einfache Aufgabe, war man doch gezwungen, Unmengen an Forschungsliteratur (nicht nur der IBM) zu studieren, Schlussfolgerungen daraus zu ziehen und präsentationsgerecht aufzubereiten. Unterstützt wurde man dabei von einer grosszügig konzipierten Bibliothek, die in der Lage war, Unterlagen aus aller Herren Länder zu beschaffen. Zudem standen praktisch unbeschränkte Computerkapazitäten mit der modernsten Software zur Verfügung.«

»Und welches Tätigkeitsgebiet hat man dir vorgegeben?«, wollte Peter wissen.

»Ich hatte mich mit *Datenmodellierung* und *Anwendungsentwicklung* zu befassen. Damals war dieses Gebiet noch wenig erforscht, sodass ich in relativ kurzer Zeit erste, durchaus beachtenswerte Ergebnisse zu liefern vermochte. Entsprechend gross war das Interesse der IBM. Ich wurde an einschlägige Kongresse, Symposien und Seminare auf der ganzen Welt geschickt, um meine Erkenntnisse zu präsentieren und selber von anderweitigen Erkenntnissen profitieren zu können.

Am meisten gelernt habe ich anlässlich der zahlreichen Einladungen nach Japan, wo die IBM ein ähnliches Institut unterhielt wie in Brüssel. Ich hielt dort zahlreiche Vorlesungen und benutzte die Gelegenheit, selber Vorlesungen meiner japanischen Kollegen zu besuchen. Obschon kein Japanisch sprechend, war ich überrascht, wie gut ich meine japanischen Kollegen verstand. Ich erkannte, dass diese alle wesentlichen Aussagen mit Bildern untermalten und Bilder sagen bekanntlich mehr aus als tausend Worte. Das Geheimnis also: *Visualisierung von Gedankengängen zwecks Optimierung menschlichen Kommunikationsverhaltens.* In der Folge machte ich mir diese Erkenntnis zur Devise, an die ich mich fortan in all meinen Vorlesungen, Vorträgen und Seminaren mit Erfolg hielt.

Anspornend war für mich sicher auch, dass mich mehrere Verlage aufgrund meiner Vorträge an Symposien,

Tagungen und Kongressen aufforderten, meine Erkenntnisse in Buchform festzuhalten. In der Folge erschienen besagte Bücher in bis zu acht Auflagen, wurden in verschiedene Sprachen übersetzt, in Video- und CD-ROM Aufzeichnungen festgehalten sowie in Brailleschrift umgesetzt.

In Japan hat man mir übrigens versichert, dass man eines meiner Bücher ins Japanische zu übersetzen gedenke. Voller Stolz kam ich in der Schweiz in einem meiner Seminare darauf zu sprechen, worauf mir ein Zuhörer zu verstehen gab, das sei gar nicht nötig – er habe mein deutsches Buch gelesen und dieses sei ihm japanisch genug vorgekommen! Wie liebenswürdig Menschen mitunter doch sein können!«

»Wie muss ich mir denn deine Erkenntnisse vorstellen?«, will Peter von mir wissen.

»Selber habe ich eigentlich sehr wenig erfunden. Mein Verdienst bestand darin, schwer verständliche, in der Regel mathematisch formulierte Forschungsergebnisse auf einzelnen Gebieten zu einem auch für Laien verständlichen Gesamtpaket vereinigt und visualisiert zu haben.«

»Und wie sah dieses Gesamtpaket aus?«, bohrt Peter weiter.

»Ich werde in den nächsten zwei Kapiteln darauf zu sprechen kommen. Hier vorerst nur so viel: Grundsätzlich zeigte ich auf, wie ein die gesamten relevanten

Objekte einer Unternehmung repräsentierendes, grobes Datenmodell mit Unterstützung möglichst vieler Mitarbeiter (im Idealfall bis hinauf zur Geschäftsleitung) zu visualisieren, zu dokumentieren und schliesslich auf dem Computer festzuhalten ist. Zudem legte ich dar, wie sich Informatiker bei der Entwicklung von Computeranwendungen auf dieses Grobmodell beziehen können, um in das Modell passende Details festzulegen. Vorteil dieser Vorgehensweise war, dass redundante Daten zu vermeiden waren und dass alle Anwendungen identische Begriffe verwendeten. Weil für alle relevanten Objekte der Unternehmung einheitliche Begriffe zur Anwendung gelangten, war zudem das Kommunikationsverständnis unter den Mitarbeitern zu verbessern. Passendste Bezeichnung für diese Vorgehensart lautet *Global* (im Sinne von umfassend) *denken, lokal handeln.*«

»Bis jetzt hast du eigentlich nur dargelegt, wem du deine beruflichen Erfolge zu verdanken hast. Soviel ich weiss, hattest du aber auch einige akademische Erfolge zu verzeichnen.«

»Du hast recht. Meine Tätigkeit bei der IBM erforderte ja, dass ich mich mit den allerletzten Forschungsergebnissen auseinandersetzte. Dies ist aber auch eine wichtige (wenn nicht die wichtigste) Voraussetzung für die Erstellung einer Dissertation. In der Folge suchte und fand ich an der ETH in Zürich einen mir wohlgesinnten Doktorvater in der Person von Prof. Dr. C. A. Zehnder, seinerzeit einer der wenigen, wenn nicht der Einzige, Informatiker an der ETH. Wohlgesinnt sage ich, musste er sich doch damit einverstanden erklären, dass ich weiterhin in Brüssel verblieb und hauptsächlich schriftlich, gelegentlich auch persönlich, mit ihm kommunizierte. Dank der bei der IBM erworbenen Erkenntnisse, vermochte ich meine Dissertation erfolgreich abzuschliessen.

Ähnlich gelang mir anschliessend an der ETH auch der Abschluss einer Habilitation (eigentlich eine zweite, anspruchsvollere Doktorarbeit, die aber ohne Aufsicht eines Doktorvaters zustande kommen muss). Mit der damit verbundenen *Venia Legendi für das Lehrgebiet Anwendungsbezogene Informatik* erlangte ich die Berechtigung, an der ETH Vorlesungen zu halten. In der Folge erhielt ich auch Lehraufträge an der Universität Zürich wie auch an der Akademie für Militärwissenschaften der ETH Zürich.

Ich bin mir bewusst, dass ich diese akademischen wie auch beruflichen Erfolge ohne die IBM niemals hätte erzielen können. Entsprechend dankbar bin ich heute der genannten Firma.«

Soweit meine Ausführungen, Peter gegenüber.

Erwähnenswert ist an dieser Stelle sicher auch, dass während der Brüsseler Zeit die Geburt unserer Zwillinge erfolgte, was die Anzahl unserer Kinder mit einem Schlag von zwei auf vier verdoppelte. Welch ein Ereignis – umso mehr, wenn man bedenkt, welche Aufmerksamkeit meiner Frau Priska während der Geburt zuteilwurde. So wurde sie von ihrem Gynäkologen, einem

Spezialisten für Kaiserschnitte, einem Anästhesiologen, einem Kinderarzt sowie einer Hebamme betreut. Zum Glück erwies sich der Einsatz des Spezialisten für Kaiserschnitte wie auch jener des Anästhesisten als unnötig, nahm doch alles seinen natürlichen Verlauf.

Selbstverständlich schickte ich meinen Verwandten und Bekannten eine Geburtsanzeige, worauf mir ein ägyptischer Studienkollege antwortete: *›Nur so weitermachen, Ramses!‹* Um die Aufforderung meines Kollegen zu verstehen, muss man wissen, dass der ägyptische Pharao Ramses 98 Kinder zu zeugen vermochte!

»Vielen Dank, Peter, dass du mir mit deiner Frage einen meiner schönsten Lebensabschnitte in Erinnerung gerufen hast!«

Kapitel 13

Global (umfassend) denken

»Global denken, lokal handeln, sagst du. Stammt die Aussage eigentlich von dir?«, will Peter wissen.

»Keineswegs«, antworte ich, »sie stammt von einer amerikanischen Wirtschaftswissenschaftlerin namens Hazel Henderson. Ihre Aussage erfolgte mit Blick auf die Probleme, welche die menschliche Zivilisation bedrohen. Zum Ausdruck kommt, dass der fortschreitenden Zerstörung der natürlichen Lebensgrundlagen Einhalt zu gebieten ist, sofern wir in kleinen, lokal begrenzten Schritten auf ein vorab auf höchster Ebene verabschiedetes Gesamtkonzept zuschreiten.

Interessanterweise pflegen die Chinesen eine ähnliche Denkweise. So ist dem Werk *Ganzheit im chinesischen Denken* des Sinologen Harro von Senger zu entnehmen: *›Das chinesische Denken geht von einer – naturgemäss noch unklaren – Anschauung des Ganzen aus, um dieses immer deutlicher zu sehen und in ihm den Teilchen ihre Stelle zuzuweisen. Es sieht zunächst das Ganze, während die Teile erst nachträglich in diesem Ganzen ihren Platz* *finden. Bei diesem Denken muss – da das Ganze ja schon begriffen worden ist – jeder zu diesem Ganzen gehörige Teil mit grosser Selbstverständlichkeit seinen Ort wie auch seine Funktion darin besitzen. Es ist nicht notwendig, das Detail zu analysieren, denn es wird ja schon vorher im Zusammenhang gesehen. Es fehlt also das scharfe analytische Vorgehen, das von einem Teil zum andern systematisch fortschreitet, um dann das Ganze synthetisch und architektonisch aufzubauen. Den Teilen werden ohne Analyse ihre Plätze zugewiesen; es ist ein synthetisches Denken, ein Umzingelungs- oder Umklammerungsdenken.*‹«

»Aber sag«, meint Peter, »was hat das alles mit Informatik zu tun?«

»Deine Bemerkung ist berechtigt«, entgegne ich. »Ich wollte eigentlich andeuten, dass mich Hazel Hendersons Forderung *Global (umfassend) zu denken und lokal zu handeln* wie auch das chinesische Ganzheitsdenken veranlasst haben, ein ähnliches Vorgehen bzw. Denken für die Informatik zu entwickeln. Zwischen Hazel Hendersons Forderung und der Informatik besteht nämlich insofern eine Analogie, als sich auch hier mit aller Deutlichkeit zeigt, dass eine isolierte Betrachtung der Probleme immer mehr in die Sackgasse – will heissen: in ein unbeschreibliches, verheerendes Datenchaos – führt. Nur wenn eine Unternehmung im Sinne eines *ganzheitlichen (umfassenden) globalen Denkens* lernt, *lokal handelnd* für Einzelprobleme Lösungen zu entwickeln, die in ein vorab verabschiedetes, von den Unternehmungszielen abgeleitetes *Gesamtkonzept* passen, werden wir zu einer für alle Beteiligten vorteilhaften Nutzung der Informatik kommen.

In der Folge entwickelte ich ein entsprechendes Vorgehen, in dem – der japanischen Devise *Visualisierung zwecks Optimierung menschlichen Kommunikationsverhaltens* getreu – hauptsächlich Bilder zum Einsatz gelangten. Damit war gewährleistet, dass auch Laien an der Erstellung der Modelle beteiligt werden konnten.

Vereinfacht gesagt läuft die Aussage von Hazel Henderson wie auch die chinesische Denkweise darauf hinaus, ein Problem vom *Groben zum Detail* anzugehen. Dies ist einfacher gesagt als getan, neigen doch die meisten Menschen dazu, am Detail festzuhalten, ohne vorher die Gesamtzusammenhänge ausfindig machen zu wollen. Es versteht sich, dass mit einer derartigen Vorgehensweise schlechte Problemlösungen resultieren. Gefordert ist ein Vorgehen, das möglichst alle Mitarbeiter mit fundierten Unternehmungskenntnissen zwingt, sich an der Erstellung eines Grobmodells zu beteiligen, das alle wichtigen Objekte einer Unternehmung wie auch deren Zusammenhänge zum Ausdruck bringt.«

»Wie muss ich mir ein derartiges Modell vorstellen?«, will Peter wissen.

»Ich zeige dir im Folgenden anhand eines dem Schweizerischen Bankverein (heute UBS) zu verdankenden Beispiels, wie du dir ein derartiges Grobmodell vorzustellen hast. Abb. 3 illustriert besagtes Modell. Zu erkennen

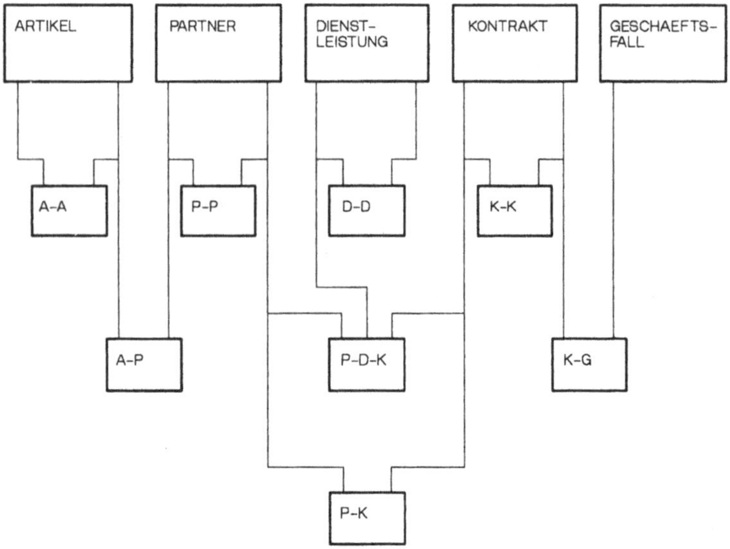

Abb. 3: Schweizerischer Bankverein: Grobmodell im Überblick

sind die wichtigsten Objekttypen wie *Artikel, Partner, Dienstleistung* usw. sowie die wichtigsten Beziehungen. So sieht man beispielsweise aufgrund der *A-P* genannten Beziehung, dass Artikel und Partner miteinander in Beziehung stehen.«

»Mir scheint das gezeigte Modell aber recht trivial zu sein!«, meint Peter.

»Du hast Rechtrecht«, gebe ich zur Antwort, »das Modell sieht in der Tat recht trivial aus, dessen Ermittlung ist aber äusserst anspruchsvoll, gilt es doch sicherzustellen, dass sich alle wichtigen Mitarbeiter mit fundierten Unternehmungskenntnissen (wenn immer möglich bis hinauf zur Geschäftsleitung) an der Erstellung des Modells beteiligen und sich mit diesem identifizieren.

Zahlreiche Diskussionsrunden sind hierfür erforderlich. Dabei treten am Detail klebende Teilnehmer äusserst unangenehm in Erscheinung, vermögen sie doch den Fortschritt der Ermittlungen ungemein zu verzögern.

Ein an der Erstellung des Grobmodells beteiligter Mitarbeiter meinte übrigens – deinem Einwand rechtgebend – im Anschluss an die Arbeiten: ›*Wenn die dargelegten Grobmodelle auch den Anschein erwecken, dass lediglich Trivialitäten graphisch dokumentiert sind, so darf man nicht vergessen, dass im Prozess des Erstellens solch grober Modelle ein unbezahlbarer Wert liegen kann, nämlich das Befassen des Managements der Benutzerbereiche mit Fragen der Modellierung ihrer Unternehmung und das Erreichen eines langfristigen Konsenses mit den Informatikern.*‹

Nochmals zurück zu deiner Bemerkung, die Trivialität des Modells betreffend. In der Praxis hat sich gezeigt, dass sich langfristig nur einfache, verständnisvolle Problemlösungen durchzusetzen vermögen. Persönlich habe ich stets ein Prinzip befolgt, das unter dem Begriff KISS bekanntgeworden ist, wobei KISS abgekürzt ***K****eep* ***I****t* ***S****imple and* ***S****traightforward* (also *Gestalte es einfach und verständlich*) bedeutet.

Im Übrigen, lieber Peter, wurde das triviale Modell aus Abb. 3 in einem 2. Schritt verfeinert, indem – immer noch in Zusammenarbeit mit den wichtigsten Mitarbeitern der Unternehmung – sowohl die Objekttypen wie auch deren Beziehungen nach Innen gegliedert wurden.«

»Und wie muss ich mir diese Gliederung nach innen vorstellen?«, will Peter wissen.

»Abb. 4 illustriert anhand des Objekttyps *PARTNER*, wie du dir diese Gliederung nach Innen (die Verfeinerung also) vorzustellen hast. Zu erkennen ist, dass sich der Objekttyp *PARTNER* zunächst in *NATÜRLICHE PERSON* sowie *ORGANISATION* unterteilen lässt. *NATÜRLICHE PERSON* enthält seinerseits unter anderem *MIT-*

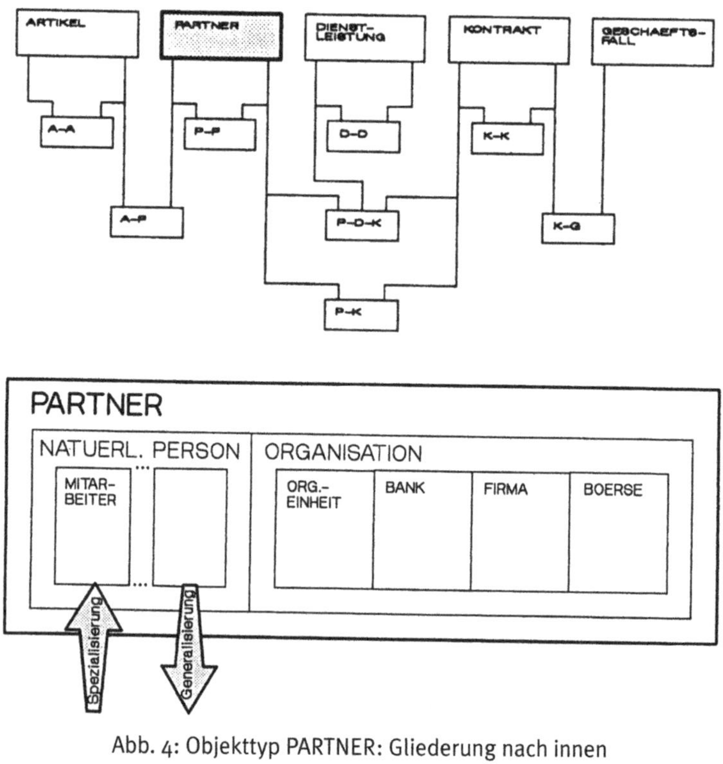

Abb. 4: Objekttyp PARTNER: Gliederung nach innen

ARBEITER, während in *ORGANISATION BANK, FIRMA* etc. vorzufinden sind. Das Ergebnis lässt sich am besten mit einem Schrank vergleichen, in dem Schubladen mit kleineren Schubladen vorzufinden sind. Dass sich ein derartiger Schrank geradezu dafür anbietet, projektbezogen ermittelte Details geordnet und damit wiederauffindbar zu versorgen, versteht sich eigentlich von selbst. Beispielsweise wird man das projektbezogen ermittelte Detail *ADRESSE* in *PARTNER* versorgen, womit zum Ausdruck kommt, dass besagtes Detail für alle innliegenden Schubladen zutrifft. Das nur Mitarbeiter betreffende Detail *SALÄR* ist hingegen selbstredend in der Schublade *MITARBEITER* unterzubringen, womit das Detail tatsächlich nur Mitarbeiter betrifft. Übrigens spricht man von *Spezialisierung,* wenn man sich von einer äusseren Schublade nach innen bewegt, während der umgekehrte Vorgang als *Generalisierung* bezeichnet wird.

Ist das Modell einmal von allen wichtigen Mitarbeitern genehmigt, so dient es fortan bei der Entwicklung einzelner Projekte sozusagen als Schrank, in den die projektbezogen ermittelten Details wie *Adresse, Salär* etc. laufend zu versorgen sind. Versteht sich, dass damit Redundanzen (d. h. mehrfache Nennung derselben Information) zu vermeiden sind und der Aufwand für die Ermittlung von Details anderweitiger Projekte laufend abnimmt. Inzwischen haben viele namhafte Unternehmungen aus den Branchen *Bank, Fertigung, Transport, Versicherung* mit Grobmodellen der vorgezeichneten Art sehr gute Erfahrungen gemacht.[1] So ist beispielsweise einem Arbeitsbericht der SBB zu entnehmen: ›*Das Echo auf die Ergebnisse dieser Untersuchungen und vor allem auch auf die dadurch gewonnenen Einsichten in die betrieblichen Zusammenhänge ist im Allgemeinen gerade seitens der Benutzerkreise sehr positiv ... Die Untersuchung weiterer Bereiche in derselben Art, wie sie für den Bereich Personenverkehr durchgeführt wurde, erscheint uns auf jeden Fall lohnend, wenn nicht unumgänglich. Mit der Durchführung sollte möglichst dann begonnen werden, wenn in einem Bereich grössere Systementwicklungsvorhaben anstehen.*‹

Eigentlich erstaunlich, dass mir zwei nicht aus der Informatik stammende Erkenntnisse (nämlich Hazel Hendersons *Global (umfassend) denken, lokal handeln* wie auch die in Japan erworbene Devise *Visualisierung zwecks Optimierung menschlichen Kommunikationsverhaltens*) den Anstoss gegeben haben, ein Vorgehen zu entwickeln, um ein auch Laien verständliches Modell zu erstellen.

Mir verblieb eigentlich nur noch darzulegen, wie das Modell auf einem Computer festzuhalten ist.«

»Ist denn deine Vorgehensweise auch im Alltag von Bedeutung?«, will Peter wissen.

---

[1] Eine von der Universität Lausanne durchgeführte Umfrage bei über 200 wichtigen Schweizer Organisationen attestiert dem Vorgehen eine Spitzenstellung hinsichtlich Verbreitung in der Schweiz (io Management Zeitschrift 60 (1991) Nr. 5).

»Durchaus«, entgegne ich. »Nimm als Beispiel die Entstehung des vorliegenden Buches. Als Erstes habe ich mir nämlich – grob beginnend – ein Inhaltsverzeichnis zurechtgelegt, womit ich die mir im Verlaufe der Zeit meist spontan zufliegenden Gedanken geordnet zu versorgen vermochte.«

KAPITEL 14

Lokal handeln

»KÖNNTEST DU MIR BITTE NOCHMALS DEN ZUSAMMENHANG ZWISCHEN *GLOBAL (UMFASSEND) DENKEN UND LOKAL HANDELN* ERKLÄREN!«, fordert mich Peter auf.

»Gewiss, « antworte ich, »ich zeige dir den Zusammenhang – wie könnte es anders sein – anhand eines Bildes.

Die in Abb. 5 gezeigte Pyramide (im Bild *Globales konzeptionelles Daten- (Objekt-) Modell* genannt) repräsentiert auf der oberen, schattiert gekennzeichneten Ebene das im vorhergehenden Kapitel beschriebene, in Zusammenarbeit mit Nichtinformatikern erarbeitete Grobmodell (im Bild *Daten- (Objekt-) Architektur* genannt). Demgegenüber repräsentiert die untere Ebene (im Bild *Details* genannt) die projektbezogen ermittelten Details. Zu erkennen ist ferner im unteren Teil des Bildes die Zeitachse. Angedeutet ist, dass im Verlaufe der Zeit Projekte P1, P2, P3 in Angriff genommen werden, wobei Anwendungen A1, A2, A3 realisiert werden. Mit den Pfeilen ist angedeutet, dass sich die Informatiker bei der Anwendungsentwicklung laufend am Grobmodell ori-

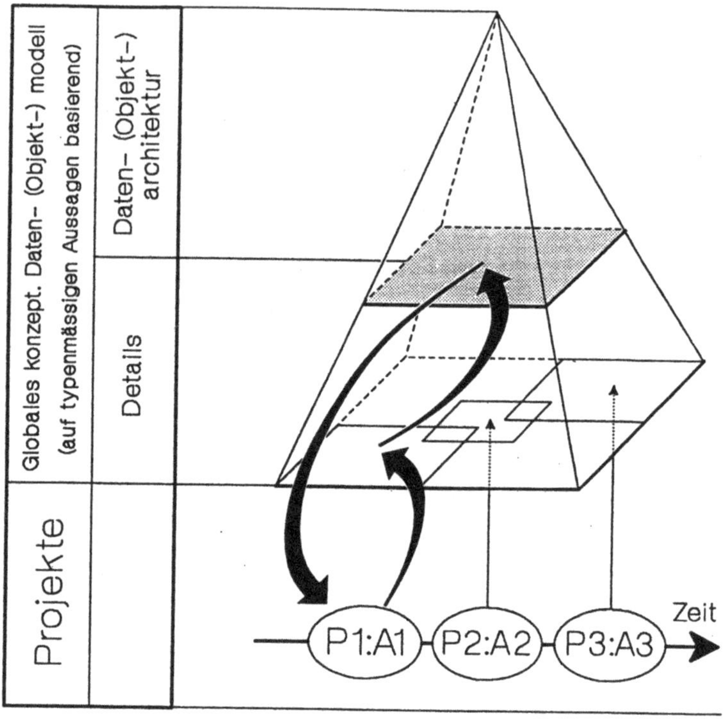

Abb. 5: Global denken, lokal handeln

entieren und die erarbeiteten Details – sofern keine Widersprüche zu verzeichnen sind – geordnet darin versorgen.«

»Wie muss ich mir aber den Ablauf eines Projektes vorstellen?«, will Peter wissen.

»Warum nimmt man überhaupt ein Projekt in Angriff?«, frage ich zurück.

»Ich denke, weil man ein Problem einer Lösung zuführen will«, antwortet Peter.

»Genau! Was aber ist ein Problem?«?«, will ich von Peter wissen.

Peter schaut mich erstaunt an, worauf ich meine Frage selber beantworte.

»In der Praxis pflegt man ein Problem entsprechend der im oberen Teil von Abb. 6 gezeigten Darstellung als *Differenz zwischen einem unbefriedigenden IST und einem zufriedenstellenderen SOLL* aufzufassen.

Akzeptiert man die in Abb. 6 gezeigte Problemdefinition, so sind davon die für die Bereinigung eines Problems erforderlichen Schritte einfach abzuleiten. Abb. 6 illustriert besagte, *Problemlösungszyklus* [6] genannten Schritte.

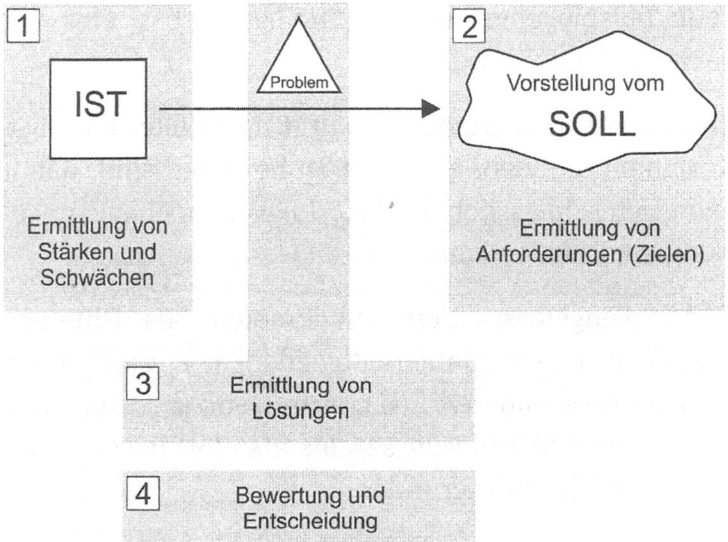

Abb.6: Problemdefinition und (schattiert gekennzeichnet) Problemlösungszyklus

Zu erkennen ist, dass man sich in einem ersten Schritt Rechenschaft über den IST-Zustand gibt und im Rahmen einer sogenannten *Situationsanalyse* dessen Stärken wie auch Schwächen ausfindig macht.

In einem zweiten Schritt sind sodann im Rahmen einer sogenannten *Zielformulierung* Anforderungen an einen zufriedenstellenderen SOLL-Zustand zu ermitteln. Anzustreben ist selbstverständlich, dass die Schwächen des unbefriedigenden IST-Zustandes künftig nicht mehr in Erscheinung treten, die Stärken aber erhalten bleiben.

Damit ist das Problem eingegrenzt, sodass in einem 3. Schritt vom IST zum SOLL führende Lösungen erarbeitet werden können. Zu beachten ist dabei, dass es für ein Problem meistens mehrere Lösungsvarianten gibt (zum Beispiel eine feudale, teure Lösung bzw. eine einfache, billige Lösung).

Dies bedeutet, dass die im 3. Schritt erarbeiteten Lösungsvarianten in einem 4. Schritt zu bewerten sind, damit man sich schliesslich für die erfolgversprechendste Lösung entscheiden kann.

Zusammengefasst: Dem ein Problem als Differenz zwischen einem unbefriedigenden IST und einem zufriedenstellenderen SOLL auffassenden Lösungsansatz (dem *Problemlösungszyklus* also [6]) liegen somit folgende Schritte zugrunde:

1. Situationsanalyse
2. Zielformulierung

3. Lösungssuche
4. Bewertung und Entscheidung

Diese Schritte haben sich in der Praxis für die Lösung von technischen Problemen tausendfach bewährt.«

»Aber sag«, meint Peter, »lassen sich damit auch alltägliche Probleme in den Griff kriegen?«

»Selbstverständlich«, antworte ich, »du musst dir nur vergegenwärtigen, welche Fragen der *Problemlösungszyklus* zu beantworten versucht, nämlich:

- Was stört mich zurzeit?
- Was wünsche ich stattdessen?
- Wie verwirkliche ich meine Wunschvorstellung?

Ich bezog beispielsweise den Problemlösungszyklus auf mein damaliges Problem, die Erkrankung meiner Frau Priska betreffend. Als Erstes nahm ich die *Situationsanalyse* in Angriff. Naheliegend: Was mich am IST-Zustand über alles störte, war die schwere Erkrankung von Priska. Diesen leidigen Sachverhalt vor Augen, ergaben sich sodann scheinbar keinerlei Schwierigkeiten, in einem 2. Schritt mittels einer *Zielformulierung* einen wünschenswerten SOLL-Zustand festzulegen. Anzustreben war selbstredend eine gesunde Priska. Nun fiel mir aber schmerzlich ein, dass Zielformulierungen realistisch zu sein haben. *›Es hat keinen Sinn‹*, so hörte ich mich zu meinen Studenten sagen, *›eine bemannte Rakete zum Mars schicken zu wollen, wenn einem die hierfür erforderlichen Mittel fehlen. Ergo ist die Zielsetzung* *bemannter Marsflug unrealistisch.‹* Die Konklusion war für mich niederschmetternd. Kurz und bündig: Es hat keinen Sinn, Priskas vollständige Genesung anzustreben, wenn dir ein Arzt glaubhaft zu verstehen gegeben hat, dass sie nur noch fünf Jahre zu leben hat. Ergo ist die Zielsetzung *gesunde Priska* unrealistisch! Ein realistisches Ziel könnte aber lauten, *Mittel und Wege zu finden, um Priskas Welken und endgültiges Entschwinden hinauszuzögern*. Realistisch deswegen, weil ich mir vorzustellen vermochte, die Lebenserwartung von Priska durch positives Einwirken auf ihr Wohlbefinden zu verlängern. Allerdings: Früher oder später würde meine Taktik gemäss ärztlicher Prognose scheitern. Meine zwar realistische Zielsetzung war demzufolge nur beschränkt von Bedeutung. Langfristig würde ich mich leider mit Priskas endgültigem Entschwinden abfinden müssen – d. h., ich würde lernen müssen, *loszulassen*.

Ich entschloss mich, eine kurzfristige wie auch eine langfristige Zielsetzung ins Auge zu fassen und Lösungen zu erarbeiten, um

- positiv auf Priskas Wohlbefinden einwirken zu können,
- vor allem nach Priskas Tod: zuversichtlich und gelassen loslassen zu können.

Diese Zielsetzungen vor Augen, versuchte ich im 3. Schritt – der *Lösungssuche* – Mittel und Wege zu finden, um als Erstes positiv auf Priskas Wohlbefinden einwirken zu können. Dies fiel mir nicht schwer, kannte ich doch Priskas Präferenzen. So nahm ich mir vor:

- Wir reisen. In kulturell interessante Städte, in die Berge, ans Meer, in die Wüste, in den Ur- und Regenwald, in östliche wie auch westliche exotische Länder. Zu zweit, mit sehr guten Freunden, mit Gruppen, mit und ohne Kinder.
- Wir gehen ins Kino, ins Theater, ins Konzert, in die Oper – erstehen hierfür sogar ein Abonnement, uns immer den gleich guten Platz gewährleistend.
- Wir wandern, wobei die Wanderungen ständig in flachere Gegenden führen, kürzer werden und schliesslich ganz auszubleiben haben.
- Wir leisten uns gute Mahlzeiten in mehr oder weniger gediegenen Gaststätten, zelebrieren das Essen, das Trinken, das Diskutieren mit guten Freunden an der Tafelrunde.
- Wir veranstalten Einladungen, wobei Priska mit ihren Fähigkeiten in der Wahl der Speisen, der liebevollen Zubereitung und Präsentation stets höchstes Lob erzielt.
- Auch eine Sternstunde für Priska: Aus Anlass unseres Hochzeitsjubiläums besuchen wir einen Juwelier. Sie wünscht sich eine Brosche, darf den Stein – es ist ein Opal – sowie die Fassung selber bestimmen. Wir sind beide glücklich. Aber ich weiss: Sie wird die Brosche nie in der Öffentlichkeit tragen können – ihre Krankheit ist schon zu fortgeschritten!

Schwieriger war es für mich, der Zielsetzung *zuversichtlich und gelassen loszulassen* gerecht zu werden.

Glücklicherweise fiel mir damals das im Kapitel *Abweisendes und akzeptierendes Loslassen* erwähnte Buch über indische Lebensweisheiten in die Hände. Wie bereits erwähnt, kommen darin das *abweisende, resignierende* (Abb. 1) wie auch das *akzeptierende, bereichernde Loslassen* (Abb. 2) zur Sprache. Von Bedeutung wurden für mich die diesbezüglichen Überlegungen vor allem nach Priskas Tod. Anfangs liess ich zwar in meiner Verzweiflung im Sinne des *abweisenden, resignierenden Loslassens* (Abb. 1) alles an mir abprallen, bis ich mich entschloss, meine Hand zu drehen (zu öffnen) und im Sinne des *akzeptierenden, bereichernden Loslassens* (Abb. 2) die sich aus Priskas Tod ergebenden Chancen wahrzunehmen. Zugegeben: Es hat lange gedauert, bis mir dies gelang, doch nach sieben Jahren nahm ich die Chance wahr und ging eine beglückende Partnerschaft ein, die bis heute angedauert hat.

Du siehst, lieber Peter, dass sich mit dem *Problemlösungszyklus* durchaus auch alltägliche Probleme in den Griff kriegen lassen. Von Vorteil ist dabei, dass man gezwungen wird, ein Problem bewusst und systematisch anzugehen.«

Kapitel 15

Beglückende Jugenderinnerungen

»Erinnerst du dich noch, wie wir uns kennengelernt haben?«, will Peter wissen.

»Aber sicher: Ich weiss noch gut, dass ich dich anlässlich eines neuen Schuljahres bei einem Klassenwechsel unter höchst mysteriösen Umständen kennengelernt habe. Ohne dich zu kennen, setzte ich mich mit dir in die hinterste Bank im Schulzimmer unseres Französischlehrers, genannt Sam. Nach einer Weile streifte ein vertrauter Duft meine Nase. Wie du mir, so ich dir, sagte ich mir und quittierte dein Geschenk mit einem ebensolchen. In der Folge wurden wir gemeinsam immer dreister und unverschämter, indem wir neben den Duftnoten auch unüberhörbare Geräusche von uns gaben. Vorwurfsvolle und besorgte Blicke unserer Mitschüler trafen uns, derweil uns unser Französischlehrer Sam keines Blickes würdigte und unbeirrt weiter dozierte. In der Folge begann ein eigentliches Kräftemessen: Wer sich am lautesten und häufigsten bemerkbar zu machen vermochte, hatte gewonnen. Wirklich: Ein seltsamer Beginn einer Freundschaft, die uns nebst vielen interessanten Diskussionen auch zahlreiche beglückende und bereichernde Episoden bescherte und ein ganzes Leben zu überdauern vermochte. Übrigens: Wir praktizierten unser Kräftemessen nicht nur am ersten Schultag, sondern wann immer sich die Gelegenheit dazu ergab. Zugegeben: Nicht immer zum Wohlgefallen der Umstehenden.«

»Was ist dir denn am nachhaltigsten in Erinnerung geblieben?«, will Peter weiter von mir wissen.

»Eindeutig unsere Reise nach Marseille. Weisst du noch: Als Fünfzehnjährige entschlossen wir uns eines Tages spontan, per Autostopp nach Marseille zu reisen. Warum gerade Marseille? Vielleicht lockte uns das Meer, vermutlich aber mehr noch die zwielichtigen, dem Vernehmen nach von Erotik nur so strotzenden Gassen und Quartiere. Seltsam: Einerseits beschlich uns ein eigenartiges, noch nie gekanntes, prickelndes Gefühl, wenn wir uns diese Gassen mit ihren Bewohnerinnen vergegenwärtigten und anderseits hatten wir Angst, als völlig Unerfahrene unter die Räder zu geraten. Wie auch immer: Wir machten uns, praktisch ohne Geld, mit einem Zelt und in Pfadiuniform gekleidet per Autostopp Richtung Marseille auf den Weg. Mit der Pfadiuniform versprachen wir uns, eher von Automobilisten mitgenommen zu werden.«

»Eigentlich verlief – zumindest anfangs – alles zu unserer Zufriedenheit, kamen wir doch ohne wesentliche Zwischenfälle recht gut voran«, ergänzte Peter meine

Ausführungen. »Mangels Geld verpflegten wir uns hauptsächlich mit Baguettes und Trauben. Wenn wir einer gründlichen Reinigung oder einer Erleichterung bedurften, suchten wir, ohne zu konsumieren, die Toilette eines Restaurants auf. Dabei widerfuhr mir einmal«, so Peter, »ein peinliches Missgeschick. Ich öffnete mit meinem Sackmesser einen Wasserhahn, der eines Spezialschlüssels bedurft hätte. In der Folge war ich mit meinem Messer nicht mehr in der Lage, den Hahn zu schliessen, derweil das Wasser bedenklich stieg, dich – auf der Toilette sitzend – in Bedrängnis brachte und dich zwang, deine Füsse hochzustemmen. Ich versuchte, mein Missgeschick insofern wieder gutzumachen, als ich das Personal avisierte, worauf wir mit Schimpf und Schande von dannen verjagt wurden.«

»Mir kommt auch ein lustiges Ereignis in den Sinn«, ergänzte ich. »Einmal lud uns ein betuchter Fahrer zu einem feudalen Mittagessen ein. Beim Verlassen des gediegenen Lokals führte uns der Weg an einer üppig belegten Käseplatte vorbei, wobei ich – unserer kärglichen Mahlzeiten gedenkend – nicht umhin konnte, mir insgeheim einen grossen Weichkäse anzueignen. Um nicht aufzufallen, steckte ich mir den Weichkäse in die Hosentasche, den üblen Geruch, den unsere nie gewechselte Pfadiunform mittlerweile bereits zu verströmen vermochte, noch verschlimmernd. Derselbe Fahrer lud uns übrigens zum Übernachten in ein Hotel ein, und da nur ein Zweibettzimmer zur Verfügung stand, hattest du als der Schönere von uns die Ehre, im selben Bett mit unserem Gastgeber zu nächtigen. Du erzähltest mir am nächsten Tag, dass die Einladung offenbar nicht ganz uneigennützig erfolgte, dass du dich aber der Avancen unseres Gastgebers erfolgreich zu erwehren vermochtest.«

Nun aber war Peter wieder an der Reihe. »Endlich war es so weit«, liess er verlauten. »Wir wurden nachts inmitten von Marseille abgesetzt. Weit und breit kein Zeltplatz in Sicht und auch die Passanten, die wir nach einem solchen befragten, wussten keinen Rat. Schliesslich belehrte uns ein Mann, der Zeltplatz befinde sich weit ausserhalb der Stadt und sei zu nächtlicher Stunde nicht mehr erreichbar. Er bot sich aber freundlicherweise an, uns behilflich zu sein. In der Folge führte er uns durch immer enger und dunkler werdende Gassen und Gässchen. Unsere Angst nahm ständig zu, wie auch unsere Bedenken, doch noch auf einen Zeltplatz zu gelangen. Schliesslich hielt der Mann vor einem grossen Eisentor und öffnete dieses mit einem uralten Schlüssel. Dann gebot er uns, unser Zelt auf dem dahinter liegenden Rasen aufzustellen. Anderntags stellten wir fest, dass wir auf einem maroden Fussballplatz genächtigt hatten. Versteht sich, dass wir uns tagsüber um den wirklichen Zeltplatz bemühten und glücklicherweise auch fündig wurden. Der Platz befand sich auf einer Klippe am Meer, Wind und Regen völlig ausgesetzt. Tatsächlich wurden wir nachts von einer heftigen Mistral-Attacke überrascht. Mit allen uns zur Verfügung stehenden Kräften mussten wir verhindern, dass wir mitsamt unserem Zelt hinweggefegt wurden. Tags darauf war unser Zelt nicht mehr zu gebrauchen, waren doch sämtliche Metallstangen verbogen. Dies zwang uns, fortan unter freiem Himmel zu nächtigen.«

»Erinnerst du dich«, entgegnete ich meinerseits, »wie wir eines Nachts unsere Bedenken überwanden und – in Pfadiuniform notabene – die berüchtigten Gassen Marseilles aufsuchten. Tatsächlich wurden wir in ungeahntem Masse fündig, wimmelte es doch nur so von leicht bekleideten, auf Freier Ausschau haltende Damen. Unser Adrenalinspiegel stieg in ungeahnte Höhen und auch das mit erotischen Eindrücken einhergehende, prickelnde Gefühl ergriff von uns Besitz. Anderseits hofften wir inständig, von niemandem angesprochen zu werden. Tatsächlich würdigten uns die Damen glücklicherweise keines Blicks. Vermutlich vertrieb sie der mittlerweile unerträgliche Geruch unserer seit Tagen ungewaschenen Pfadiuniform oder sie sagten sich, bei diesen Jünglingen ist ohnehin nichts zu holen.«

»Nicht nur auf unserer Reise nach Marseille hatten wir immer wieder einmalige Erlebnisse. Erinnerst du dich beispielsweise«, wollte Peter von mir wissen, »dass wir eines Tages bei einem Eisenwarenhändler für fünf Franken eine alte Badewanne kauften und diese mühsam mit einem Leiterwagen zu einem unterhalb Zürichs gelegenen Stausee transportierten. Äusserst sorgfältig setzten wir unsere Wanne aufs Wasser und nahmen darin Platz. Keine einfache Angelegenheit, reichte doch das Wasser nur ganz knapp unter den oberen Rand der Badewanne. Eine minimale Schwankung nur, das Wasser hätte im Nu die Wanne gefüllt und diese mit Sicherheit absinken lassen. Anfangs vermochten wir mit Erfolg, gefährliche Schwankungen auszugleichen. Allerdings wurden wir mit der Zeit immer übermütiger, sorgten selber für gefährliche Schwankungen, bis sich unser *Boot* mit Wasser füllte und augenblicklich rettungslos versank. Was uns auf unserer kurzen *Bootsfahrt* auffiel, waren die unzähligen, im Wasser treibenden, aus Zürich angeschwemmten Kondome. In der Folge fischten wir diese – wir nannten sie Fröschen-Schlafsäcke, uns deren Verwendung zu nächtlicher Stunde vorstellend – mit Stecken aus dem Wasser und hängten sie wie Christbaumschmuck an Tannenbäumen auf. Kein Wunder, kam uns dabei das Weihnachtslied *Ihr Kinderlein kommet* in den Sinn.«

»Soweit ich mich erinnere, hattest du doch immer eine Freundin. Müsstest du diesen Sachverhalt nicht auch erwähnen, wenn von beglückenden Jugenderinnerungen die Rede ist?«, will Peter von mir wissen.

»Ja doch, du hast Recht. Allerdings: Wenn ich an meine ersten Bekanntschaften zurückdenke, so beschleicht mich eigentlich eher ein mulmiges Gefühl, war doch jede mit Lust verbundene Tätigkeit wie berühren, liebkosen, küssen, Geschlechtsverkehr gar von kirchlicher Seite strengstens verboten! Wer es wagt – so wurden wir im Religionsunterricht belehrt – sich sexuell zu ›*verschulden*‹, benimmt sich zu Lebzeiten wie ein alles zerstörender Elefant im Porzellanladen und wird dereinst elendiglich in der Hölle landen! Grässlich!

Anfangs hielt ich mich konsequent an das kirchliche Gebot und versuchte mit allen mir zur Verfügung stehenden Mitteln zu verhindern, als Elefant wahrgenommen zu werden. Du kannst dir allerdings nicht vorstellen, welche Angst- und Beklemmungsgefühle ich in meiner Jugend auszustehen hatte, befürchtete ich doch ständig, das kirchliche Gebot zu verletzen und dereinst elendiglich in der Hölle zu landen. Im Verlaufe der Zeit forderte die Natur aber zusehends ihren Tribut ein, was zur Folge hatte, dass ich das Gebot mehr und mehr verletzte. Die sukzessive Lockerung meiner Hemmnisse fiel mir umso leichter, als mir ja die Absolution in Aussicht stand, dank welcher dem drohenden Höllengang glücklicherweise zu entgehen war.

Rückblickend habe ich den Eindruck, dass meine ›*sündhaften Missetaten*‹ den im Beichtstuhl sitzenden und mich bis in die peinlichsten Einzelheiten ausfragenden Beichtvater mehr beglückt haben als mich, den eigentlichen ›*Übeltäter*‹! Zu denken gibt mir aber auch die lächerliche Busse in Form von drei Vaterunser, die ich schlussendlich zu entrichten hatte! Meines Erachtens steht die milde Busse in keinem Verhältnis zur Schwere der Strafe und kommt im Grunde genommen geradezu einer Aufforderung zu weiteren ›*lustvollen Übeltaten*‹ gleich.«

Und so weiter und so fort!

Beglückende Jugenderinnerungen kommen mir indes nicht nur im Zusammenhang mit Peter in den Sinn. Beispielsweise gründeten wir nach Abschluss der Schulzeit einen Verein zwecks körperlicher Ertüchtigung und Kameradschaftspflege. Dem ersten Ziel versuchten wir mit einer wöchentlichen Turnstunde gerecht zu werden, während uns die Kameradschaftspflege insofern leichtfiel, als wir nach dem Turnen regelmässig ein gediegenes Gastlokal aufsuchten, wo wir die beim Turnen abgebauten Kalorien mehr als nur ersetzten. Wir nannten uns *Body Builder,* wobei mit dem Namen weniger die Pflege unseres Bizeps als vielmehr jene unserer Bäuche angesprochen wurde.

Wir unternahmen – anfangs zumindest – mit unseren Gattinnen und Partnerinnen mehrwöchige Weltreisen. Mit zunehmendem Alter wurden wir bescheidener und bereisten während ein, zwei Tagen nur noch unsere unmittelbare Umgebung. Ich selber organisierte einmal eine Reise ins Tessin und löste zu diesem Zweck ein Kollektiv-Billet. Dabei hatte ich unter anderem auch den Namen der Reisegruppe anzugeben. *Body Builder* vermerkte der Beamte pflichtbewusst auf dem Billet. Im Zug nach Bellinzona nahm der Beleibteste mir gegenüber Platz. Als der Schaffner die Fahrkarte kontrollierte, inspizierte er aufmerksam den umfangreichen Bauch meines Gegenübers und meinte schliesslich: *›Jetzt weiss ich endlich, wie ein echter Body Builder auszusehen hat.‹*

Auf der Rückreise erwarteten wir in Bellinzona den für uns reservierten Wagen im vorderen Teil des Perrons.

Dann kam die Durchsage: *›Für die Body Builder ist im hintersten Wagen des einfahrenden Zuges Platz reserviert!‹* Wir ergriffen unser Gepäck und machten uns, für die Umstehenden als *Body Builder Gruppe* angekündigt, nach hinten auf den Weg. Als wir an den Wartenden vorbeizogen, brachen diese in schallendes Gelächter aus. Offensichtlich entsprachen wir nicht ganz den Vorstellungen echter *Body Builder.*

Eigentlich hätte ich noch sehr viele *Body Builder* Erlebnisse zu erzählen. Indes, ich merke, es ist genug. Jede weitere Auffrischung meiner Erinnerungen an geschätzte, verstorbene Kameraden tut weh. Im Übrigen bin ich der Meinung, mein im Prolog festgelegtes Ziel erreicht zu haben, bin ich doch meiner altersbedingten Beschwerden auf bewährtem Wege – also schriftlich – wenigstens psychisch Herr geworden!

Soeben erhalte ich von meinem Freund Peter folgende Nachricht:

›Lieber Max

Ich habe Pläne geschmiedet zu einem möglichen Wiedersehen mit dir. Vorderhand aber muss ich hinausschieben ... Mein Status ist undurchsichtig labil: Manchmal glaube ich, eine Abmachung treffen zu können. Heute aber verspüre ich die nämlichen Schmerzen wie weiland vor der Operation (die nun ein Jahr zurückliegt).

Falls ich dir von meinen Augenproblemen berichtet habe – man sprach von potentieller Macula-Degeneration

(Erblindung) – so wurde mir immerhin Entwarnung gemeldet. Ich leide aber unter dem steten Wechsel von schmerzendem Unterleib und scheinbarer Genesung. Ich werde dich aber auf dem Laufenden zu halten versuchen.

Hoffentlich geht unsere Welt nicht in Trümmer. Wünsche dir alles Liebe und grüsse dich freundlich

Dein Freund Peter‹

Traurig wie der Kreis jener schrumpft (im Falle von Peter zu schrumpfen droht), denen ich etwas von mir einzuhauchen vermochte!

KAPITEL 16

Epilog

ICH HINTERFRAGE DEN TITEL MEINES WERKES (also *Hinterfragen – verwerfen – akzeptieren*) und stelle fest, dass ich eigentlich erst im Alter gelernt habe, das Ergebnis meiner Hinterfragungen in die Tat umzusetzen! Zwar war ich schon immer skeptisch und argwöhnisch, nur hätte ich früher niemals gewagt, beispielsweise meiner tradierten, religiösen Einstellung den Rücken zu kehren. Rücksicht auf meine Eltern, später meine Frau, meine Kinder hätten mich daran gehindert. Doch heute: Dank meiner im Alter erlangten Gelassenheit kann ich nach Belieben entscheiden, muss niemandem Rechenschaft ablegen, niemandem etwas beweisen. Kommt dazu, dass ich keinen Stresssituationen mehr ausgesetzt bin und sehr viel Zeit habe. Zeit, für meine Hobbys wie Reisen, Singen, Lesen, Wandern, Pflege von Freundschaften, genussvollem Essen und Trinken, Besuch kultureller Veranstaltungen, Jassen, Modelleisenbahnen usw. Zeit auch für meine Enkel! Zwar hatte ich schon immer Freude an meinen Kindern, doch Enkel kann ich jederzeit abgeben, wann immer die Umstände wie beispielsweise Erschöpfung dies erfordern. Lauter Vorteile, die ich früher kaum wahrzunehmen vermochte und eindeutig meinem Alter zu verdanken sind!

Neuerdings bedaure ich allerdings, in der Vergangenheit nicht mehr von dem verspürt zu haben, was in den Worten des kürzlich verstorbenen Ulrich Bremi, Alt-Nationalratspräsident, so wunderschön anklingt: ›*Mein grösstes Glück war, dass ich meistens merkte, wenn es mir begegnete.*‹

Anderseits überkommen mich mitunter auch Erschöpfungszustände, Schmerzen, altersbedingte Depressionen, was mich veranlasst, meinen aktuellen Zustand zu überdenken und zu hinterfragen. Was mir hilft, meine trüben Stimmungen in den Griff zu kriegen, sind – wie könnte es anders sein – schriftlich festgehaltene Reflexionen. So habe ich mir kürzlich folgende Strophen (für meine Todesanzeige vielleicht) zurechtgelegt:

> Auch wenn mein Sein beglückend war –
> es muss weit Besseres geben:
> *Loslassen*, jetzt und immerdar,
> für alle Zeit entschweben.

Kurz und gut: Altersbedingte Vorteile und Beschwerden halten sich meines Erachtens mehr oder weniger die Waage.

Mitunter wäge ich die Vor- und Nachteile meines Alters gegeneinander ab und überlege mir, wie ich reagieren würde, wenn mir ein Arzt eine schwere Krankheit in Aussicht stellte. Zwar – so der Arzt – liesse sich mein Abtreten mit geeigneten, mich und meine Angehörigen belastenden Massnahmen hinauszögern. Eine Annahme wie gesagt, doch bin ich mir sicher, dass ich heute – mit Ausnahme einer palliativen Behandlung – alles von mir weisen würde! Schliesslich habe ich gelernt, Unabänderliches zu akzeptieren und loszulassen – sogar mich selbst. Mein Entschluss fällt mir umso leichter, als ich mich heute uneingeschränkt mit der Einstellung des ehemaligen Pfarrers und Politikers Klaus Schädelin, Autor des Kinderbuchklassikers *Mein Name ist Eugen* [29], identifizieren kann. In einem anderthalb Monate vor seinem Ableben verfassten Abschiedsbrief äussert sich Schädelin wie folgt: ›*Ich halte mich heute in den meisten Dingen für so überflüssig, dass ich sorglos ad Patres gehen darf. Und besonders wertvoll ist mir geworden, erfahren zu haben, wie absolut unwichtig die so genannten Würden sind. Was zählen schon Erfolge oder markante Misserfolge, wo man an die Lebensschwelle gerät ... Wie viel wichtiger wäre es, hie und da ein Kind erfreut, einem Besorgten zum Lachen verholfen oder einen Beladenen entlastet zu haben – und was solch heiliger Dinge mehr sind.*‹

Vielleicht verwerfe ich eine erzwungene Verlängerung meines Daseins aber auch deshalb, weil ich der Meinung bin, keiner weiteren Lebenserfahrung zu bedürfen. So glaube ich – was will man mehr – erfahren zu haben, worauf es ankommt im Leben eines Menschen. Wirklich wichtig ist, dass man die Schöpfung schätzt, den Nächsten liebt wie sich selbst, auch unwillkommenen Wandel als Chance akzeptiert, sich weder an Menschen noch an Dingen festklammert, will heissen:, dass man erwartungsvoll und zuversichtlich *loszulassen* bereit ist, wann immer die Umstände dies erfordern. Dazu gehört vor allem auch das *Loslassen* von der Vorstellung, selber in irgendeiner Weise auf Dauer (ewig gar) von Bedeutung zu sein, wie auch schlussendlich das *Loslassen* von sich selbst. Bereichernd braucht dieses letzte *Loslassen* nicht zu sein, wird doch der potenzielle Nutzniesser zu gegebener Zeit für immer entschwunden sein. Ähnliche Gedanken äussert der Filmregisseur Roman Polanski [23], wenn er sagt: ›*Jetzt weiss ich, was wirklich wichtig ist im Leben! Wichtig ist, dass man weiss, dass nichts wichtig ist!*‹. Übrigens: Wir kommen gar nicht umhin, besagtes *Loslassen* zu praktizieren, wird es uns doch durch die Umstände geradezu aufgedrängt. Allerdings: Je mehr wir uns dagegen stemmen, umso schwieriger sind Schicksalsschläge zu ertragen.

Wie auch immer: Ich habe zur Kenntnis genommen, dass ich der Gesellschaft – wie sagte doch ein deutscher Politiker so prägnant – einen *sozialverträglichen Abgang*‹ schuldig bin. Auch ist mir bewusst, dass ›*das Ziel des Menschen sein sollte, möglichst jung zu sterben, und dies möglichst spät*‹ [20]! Zudem habe ich mir gemerkt, dass ›*Sterben allein nicht genügt – man muss auch rechtzeitig sterben*‹ [28]! Und überhaupt – doch lassen wir den Gedanken vom unvergleichlichen Erich Kästner [17] aussprechen:

Wenn im Turm die Glocken läuten,
Kann das vielerlei bedeuten.
Erstens: dass ein Festtag ist.
Dann: dass du geboren bist.
Drittens: dass dich jemand liebt.
Viertens: dass dich's nicht mehr gibt.
Kurz und gut, das Glockenläuten
Hat nur wenig zu bedeuten.

Kapitel 17

Literaturverzeichnis

Im Text wird nicht auf alle nachstehenden Werke verwiesen. Trotzdem habe ich sie im Literaturverzeichnis aufgeführt, weil mich alle nachhaltig beeinflusst haben.

[1] Augustinus (354–430); grosser abendländischer Kirchenlehrer

[2] Bonhoeffer, Dietrich: Worte für jeden Tag. Hg. von Weber, Manfred. Gütersloher Verlagshaus, 2004, ISBN 3-579-00453-0

[3] Buholzer, Sonja A.: Solange du liebst (Botschaften einer Rebellin). eFeF-Verlag, CH-5430 Wettingen, ISBN 3-905561-63-8

[4] Campiche, Roland J. (1937); Wadtländer Religionssoziologe

[5] Card Art: Karten aus der Grafik Werkstatt Bielefeld, Nr. 7220

[6] Daenzer, W. F.: Systems Engineering. Verlag Industrielle Organisation, Zürich 1978/79, ISBN 3-85743-833-9

[7] Deschner, Karlheinz: Nur Lebendiges schwimmt gegen den Strom. Lenos Verlag, 1998, ISBN 3-85787-647-6

[8] Dohner, Max; Journalist

[9] Epikur (342–271 v. Chr.); griechischer Philosoph

[10] Galilei, Galileo (1564–1642); italienischer Physiker und Astronom

[11] Hesse, Hermann (1877–1962): »Kennst du das auch?« in: Die Gedichte, S. 151. Suhrkamp Verlag, Berlin, ISBN 3-518-40455-5

[12] Hesse, Hermann: Lektüre für Minuten, S. 193. Suhrkamp Taschenbuch Verlag, Frankfurt am Main, 1975, ISBN 3-518-36740-4

[13] Hesse, Hermann: »Es weht der Wind ein Blatt vom Baum« wird üblicherweise Hermann Hesse zugeschrieben. Es ist aber in den rund 900 Gedichten aus der repräsentativen Auswahl »Die Gedichte« [11] nicht enthalten. Eine Quelle behauptet, das Gedicht sei von Goethe. In den einschlägigen Gedichtbänden ist das Gedicht aber ebenfalls nicht zu finden.

[14] Hesse, Hermann: Narziss und Goldmund. Lizenzausgabe für die Neue Schweizer Bibliothek, mit Genehmigung des Suhrkamp Verlags, Frankfurt am Main

[15] Hesse, Hermann: »Welkes Blatt« in: Die Gedichte, S. 622. Suhrkamp Verlag, Berlin, ISBN 3-518-40455-5

[16] Hormann, J.: Anstiftung zur persönlichen (R)evolution. Moderne Verlagsgesellschaft mbH, München, 1991, ISBN 3-478-07610-2

[17] Kästner, Erich (1899–1974): »Es läuten die Glocken« in: Kurz und bündig, S. 67. Atrium Verlag, Zürich, 1950, ISBN 3-85535-916-4

[18] Konfuzius (551–479 v. Chr.); chinesischer Weiser: Gespräche Lun yü. Deutscher Taschenbuch Verlag, München, ISBN 3-423-34246-3

[19] Mann, Thomas (1875–1955); deutscher Schriftsteller

[20] Montesquieu, Charles de Secondat (1689–1755); französischer Schriftsteller und Staatstheoretiker

[21] Pasternak, Boris (1890–1960); russischer Dichter

[22] Pieper, Annemarie: Glückssache (Die Kunst gut zu leben). Deutscher Taschenbuch Verlag, Januar 2003, ISBN 3-423-30872-0

[23] Polanski, Roman (1933–); Schauspieler, Regisseur, Produzent, Autor

[24] Ranke-Heinemann, Uta: Eunuchen für das Himmelreich (Katholische Kirche und Sexualität): Wilhelm Heyne Verlag, München, 6. Auflage, 1988, ISBN 978-3-453-16505-2

[25] Roth, Eugen: Sämtliche Menschen. Carl Hanser Verlag, München Wien, 1983, ISBN 3-446-13811-0

[26] Rüegg, Peter: Rütteln am Fundament des Lebens. GLOBE Nr. 1/2021, ETH Zürich

[27] Saint-Exupéry, Antoine (1900–1944): Der Kleine Prinz. Arche Verlag, Zürich-Hamburg, ISBN 3-7160-2500-3

[28] Sartre, Jean-Paul (1905–1980); französischer Philosoph und Schriftsteller: Die Wörter. Übersetzt von H. Mayer. Reinbek bei Hamburg 1988

[29] Schädelin, Klaus: Mein Name ist Eugen. Theologischer Verlag, Zürich, 2003, ISBN 3-290-11470-8

[30] Schmitt, Eric-Emmanuel: Das Evangelium nach Pilatus. Ammann Verlag, Zürich, 2005, ISBN 3-250-60064-4

[31] Storm, Theodor: 14. September 1817–4. Juli 1888

[32] Südbeck-Baur, Wolf: Eigentlich eine grosse Show. Aargauer Zeitung Nr. 209, 8. September 2005

[33] Vetter, Max: Aufbau betrieblicher Informationssysteme mittels objektorientierter, konzeptioneller Datenmodellierung. 8., verbesserte Auflage, B. G. Teubner, Stuttgart, 1998, ISBN 3-519-22495-X

[34] Vetter, Max: Strategie der Anwendungssoftware-Entwicklung (Methoden, Techniken, Tools einer ganzheitlichen, objektorientierten Vorgehens-

weise). 3., neu bearbeitete und erweiterte Auflage, B. G. Teubner, Stuttgart, 1993, ISBN 3-519-22489-5

[35] Vetter, Max: Objektmodellierung (Eine Einführung in die objektorientierte Analyse und das objektorientierte Design). 2., neu bearbeitete und erweiterte Auflage, B. G. Teubner, Stuttgart, 1998, ISBN 3-519-12143-3

[36] Vetter, Max: Informationssysteme in der Unternehmung (Eine Einführung in die Datenmodellierung und Anwendungsentwicklung). 2., überarbeitete Auflage. Informatik und Unternehmensführung, B. G. Teubner, Stuttgart, 1994, ISBN 3-519-02181-6

[37] Vetter, Max: Global denken, lokal handeln in der Informatik (10 Gebote eines ganzheitlichen, objektorientierten Informatik-Einsatzes). Informatik und Unternehmensführung, B. G. Teubner, Stuttgart, 1994, ISBN 3-519-02188-9

[38] Vetter, Max: Konzeptionelle Datenmodellierung. Handbuch Wirtschaftsinformatik. C. E. Poeschel Verlag, Stuttgart, 1990, ISBN 3-7910-0499-9

[39] Vetter, Max: Bereicherndes Loslassen (vom Zeugen, Werden, Sein, Vergehen und Danach). edition fischer GmbH, Frankfurt/Main, 2006, ISBN-13: 978-3-89950-135-3 und ISBN-10: 3-89950-135-7

[40] Vetter, Max: Datenmodellierung. Kleines Lexikon der Informatik. R. Oldenbourg Verlag, München, Wien, 1995, ISBN 3-486-22907-9

[41] Weber, Karl Julius (1767–1832); deutscher Schriftsteller: Demokritos. Oder hinterlassene Papiere eines lachenden Philosophen. 12 Bde. Leipzig 1908

Danksagung

Ich bin meiner Lebenspartnerin Zita Keller wie auch unserer Freundin Brigitte Descoeudres ausserordentlich dankbar, dass sie mich immer wieder angespornt haben, das vorliegende Werk zu vollenden. Auch haben sie mich auf zahlreiche Verbesserungsmöglichkeiten aufmerksam gemacht.